Reinhold Messner

URGENCE ! IL FAUT SAUVER LES MONTAGNES

Imprimé sur du papier 100% recyclé, biodégradable, certifié FSC® et sans émission de CO_2

FSC
www.fsc.org
MIXTE
Papier issu de sources responsables
FSC® C023419

Photographies de couverture : Marion Blanchard (montagne, les Drus), Steffen Kugler/DPA (portrait)

Création couverture : Fred Renaud/Mokkö Graphic Design/www.mokko.fr
Prépresse et fabrication : Glénat Production

Couvent Sainte-Cécile – 37, rue Servan – 38000 Grenoble
www.glenat.com

ISBN : 978-2-344-04321-9

Reinhold Messner

URGENCE !
IL FAUT SAUVER LES
MONTAGNES

Traduit de l'allemand par Catherine Schiellein

Glénat

Sommaire

Avant-propos

DES MONTAGNES SAINES

« Dans chaque marche dans la nature,
on reçoit beaucoup plus qu'on ne cherche. » John Muir

Le salut montagnard « *Berg Heil* », encore en usage dans les Alpes allemandes et autrichiennes, me met mal à l'aise. Depuis mes jeunes années dans les Dolomites, cette façon de se congratuler pour avoir vaincu un sommet m'a toujours hérissé. Dans le Tyrol, je réponds généralement par « *Grüss Gott* » (« Que Dieu te bénisse »), au Népal par « *Namasté* » (« Je salue le divin qui est en toi »), au Tibet par « *Tashi Delek* » (« Bonheur et paix »). Outre que les valeurs colportées par le vénérable salut « *Berg Heil* » ne sont pas très claires, je ne me suis jamais identifié à cette élite montagnarde autoproclamée qui considère la montagne comme sa chasse gardée.

Il y a cinquante ans, j'opposais moi-même le monde « d'en haut » à celui « d'en bas », et j'adhérais sans réserve à tous les idéaux de l'alpinisme. Ici, la montagne ; là-bas, la ville. D'un côté, la liberté, l'espace, le silence ; de l'autre, les contraintes, les limites, le bruit. Une vision sans nuances, en noir et blanc.

« Notre monde est programmé. Demain ne réserve aucune incertitude », voici ce que j'écrivais à l'époque. « On s'assure contre tous les risques. Mais l'idée que les choses ne peuvent se passer que d'une seule manière, et pas autrement, m'est insupportable. En tant que technicien, je n'ai rien contre le béton armé, les routes goudronnées et les autres structures au service des hommes. Mais moi, je ne me sens pleinement un homme que là où la nature est restée telle qu'elle a toujours été. »

Plus réaliste aujourd'hui, je me rends à l'évidence : la culture des villes se propage à la montagne, de plus en plus haut, de plus en plus profondément. Revenu d'un certain romantisme qui a marqué l'alpinisme pendant les deux derniers siècles, je reste cependant fidèle à mes idées, sans pour autant verser dans l'angélisme, ni me sentir visé par les critiques de certains intégristes qui, du fond de leur canapé, prétendraient empêcher la vie elle-même. J'ai pu réaliser bon nombre de mes projets. Malgré mon âge, il me reste suffisamment d'énergie et de temps pour des idées nouvelles. Non, je ne suis pas gagné par la fatigue, je suis simplement devenu plus pragmatique. Les seules montagnes qui vaillent la peine qu'on les gravisse, ce sont des montagnes saines.

Une montagne saine, c'est la conjugaison d'un « paysage culturel », façonné, transformé et travaillé depuis des millénaires par la main de l'homme, et d'un « paysage naturel » qui autrefois restait vierge, parce qu'inculte. Seule la réunion de ces deux éléments produit ce paysage très particulier qu'est une montagne saine, forte affirmation de quelque chose d'unique et d'irremplaçable.

D'ailleurs, on ne saurait imaginer l'un sans l'autre. Utilisé de manière optimale, le paysage culturel subit les transformations nécessaires pour garantir aux populations montagnardes un habitat durable ; à l'étage au-dessus s'ouvre le paysage naturel : crevasses, rochers et glaciers exposés aux pires intempéries, terres infécondes autrefois sans aucune utilité pour les populations locales et ainsi à l'abri des abus. C'est leur magnificence, leur terrifiante beauté, qui empêchait jadis les êtres humains d'y pénétrer.

Ces régions intouchables représentaient pour les communautés montagnardes un point de repère, un obstacle, un endroit mythique. Avant tout, elles leur étaient inaccessibles, car difficilement praticables, dangereuses et imprévisibles. Leurs espaces infinis, vertigineux et silencieux, étaient l'objet d'une vénération quasi religieuse. Ainsi, crainte et respectée, la montagne éconduira l'homme et restera pour lui le lieu de tous les périls, à tel point qu'elle n'aura pas besoin de protection contre lui. La nature, en montagne, se caractérise avant tout par sa puissance.

1. OÙ EN SOMMES-NOUS ?

La montagne « tout compris »

« Le monde entier mérite d'être vu. Va l'admirer ! »

Kurt Tucholsky

La proximité immédiate de la montagne ne nous procure pas, depuis la vallée, la sensation de grandeur et de sublime. Loin de nous libérer, ces masses imposantes de roche et de glace nous oppressent, nous angoissent même. Le champ visuel est limité de toutes parts. Pour trouver l'immensité, les vastes horizons, il faut prendre de la hauteur. Sur le plat, le regard ne porte qu'à cinq kilomètres, tout au plus ; depuis un sommet de trois mille mètres, en revanche, le panorama s'ouvre jusqu'à deux cents kilomètres de distance ; et à huit mille mètres d'altitude, le soleil se lève beaucoup plus tôt que dans la plaine. Voir plus loin signifie aussi avoir une vision d'ensemble.

C'est le désir de profiter de la vue qui attira jadis chasseurs et bergers vers les hauteurs, et ce bien avant la fascination des romantiques pour les cimes lointaines et sublimes qu'ils s'imaginèrent être les premiers à découvrir. Mais s'il arrivait à l'homme d'explorer ces territoires reculés, c'était pour y trouver de quoi satisfaire ses besoins, sans pour autant les sacrifier. Ces étendues difficiles d'accès, voire impénétrables, lui inspiraient le respect.

« Montagnes des dieux », « autels » ou « lieux de sacrifice », certaines montagnes étaient considérées comme sacrées dans de nombreuses régions et cultures, et elles le sont encore aujourd'hui. Au Tibet, la croyance selon laquelle les dieux dansent sur les cimes de l'Himalaya est toujours vivace. Les populations locales tracent autour des sommets un périmètre imaginaire, qu'elles sanctifient, comme la roseraie du légendaire roi Laurin[1]. Quiconque s'y introduit est immédiatement anéanti.

---

1. Référence à la *Légende du roi Laurin*, conte populaire des Dolomites expliquant le phénomène météorologique de l'*alpenglow*, au cours duquel les montagnes se teintent de rose, à l'aube ou au coucher du soleil. (NdT)

Mais ces deux cent cinquante dernières années ont transformé notre vision de la montagne encore plus radicalement que ses paysages. Au siècle des Lumières, les mythes se sont estompés, ainsi que les craintes et la vénération. Ce ne sont pas les populations locales, mais des explorateurs, des conquérants venus d'ailleurs, qui ont inventé la pratique ardue de l'alpinisme, bravant le chaos et l'effroi de la montagne et acceptant ses épreuves et ses périls.
Depuis, l'urbanisation a franchi toutes les barrières. On programme et on consomme des expéditions dans des lieux que, jadis, on ne songeait qu'à fuir, au moins quelques semaines par an… La civilisation est à l'œuvre, avec son organisation bien huilée, sans surprise, et ses forfaits « tout compris » !
Les dieux ne dansent plus sur les cimes. Ne s'y tiennent que des intrus n'ayant aucune conscience de ce qu'ils font. Car la stupeur qui vous saisit devant l'infini n'est pas comprise dans le forfait…

La nature comme leurre

« Il en va de la nature comme du calme : les gens en rêvent, ils en parlent mais en réalité, la plupart du temps, ils ne l'aiment pas. » Wolf Schneider

Pour le skieur ou le snowboardeur d'aujourd'hui, l'essentiel, c'est qu'il y ait de la neige… Peu lui importe qu'elle soit artificielle ou naturelle pourvu qu'il puisse s'amuser à dévaler les pentes. Or la neige naturelle se fait de plus en plus rare, et la production de neige artificielle dilapide de précieuses ressources (l'eau, l'énergie) et défigure les paysages. Le risque d'avalanche ne préoccupe guère les sportifs ; les crevasses, pas davantage, puisqu'elles sont signalées.

Sinon, à quoi serviraient le bulletin d'avalanche, le service des pistes et la signalétique de sécurité ?

Eh bien alors, vive le ski !

Les grimpeurs s'en remettent aux pitons enfoncés dans la roche, les alpinistes aux prévisions météorologiques et les glaciairistes à leur équipement sophistiqué… et tous se fient au téléphone portable qu'ils ont dans leur sac à dos et avec lequel ils appelleront l'hélicoptère en cas d'urgence. Sur chaque paroi d'escalade, chaque arête, résonne le fier salut montagnard : « *Berg Heil* ».

La moindre déclivité devient une aire de jeu, comme si rochers, champs de neige et névés n'étaient guère plus que des « cages à poule » grandeur nature. Au lieu d'être un espace de liberté, le paysage n'est plus qu'un beau décor, et la nature une lointaine toile de fond.
De nos jours, les activités sportives pratiquées en montagne obéissent à des modes et sont de moins en moins écologiques, car le rapport à la nature est de plus en plus superficiel. Bien souvent, la nature n'est plus qu'un leurre. Comme il l'a fait dans les villes, l'homme crée en montagne une « deuxième nature », où pistes aménagées, parcours sécurisés, refuges, hélicoptères de sauvetage sont désormais indispensables à ses loisirs. Et où il exige de trouver un large éventail de services, son niveau de confort habituel et une maîtrise totale des éléments. La montagne est devenue un bien de consommation, le lieu des émotions fortes et du culte du corps. Vététistes surentraînés, grimpeuses à la peau tannée par le soleil et autres jusqu'au-boutistes symbolisent la pression exercée par une société de services à laquelle nous pensions encore pouvoir échapper, il y a quelques décennies de cela, avec nos cordes et nos pitons.
« L'individu se sent de plus en plus étranger à son propre environnement : il devient apatride », pour reprendre les mots du géographe Werner Bätzing, spécialiste du

milieu alpin. Les conflits entre l'homme et la nature sont sans doute inévitables dans le travail, mais les loisirs devraient être l'occasion de se livrer avec bonheur à des activités ludiques favorisant l'équilibre entre le corps et l'âme, entre l'esprit et la nature. Or cela n'est possible que si nous abordons la montagne avec un cœur et un esprit sincères. L'alpinisme est-il un moyen de réveiller des instincts émoussés ou réprimés ? Peut-être, mais à condition qu'il soit pratiqué dans des montagnes préservées du tourisme de masse, et que ceux qui s'y consacrent durant leur temps libre ne comptent pas uniquement sur lui pour donner un sens à leur vie. Si la finalité de la nature est de pallier le déficit émotionnel de la société, si le rôle de la course en montagne est de compenser l'anonymat de la vie quotidienne ou professionnelle, alors l'attirance pour la montagne n'est plus qu'un besoin de fuir la ville.

Dans nos existences de plus en plus stériles, les images de nature que nous avons devant les yeux – grâce à la télévision, à la publicité et à la science – nous incitent à rechercher un cadre de plus en plus artificiel pour nos loisirs. La montagne n'est pas là pour remédier aux manques de la vie moderne. Quiconque emporte dans les hauteurs le stress, l'agitation et la pression du quotidien se prive de toute possibilité d'épanouissement personnel.

Mais que cela nous plaise ou non, l'avenir est incertain et nous ignorons ce qu'il nous réserve, à nous autres alpinistes. Pour moi, le bon comportement est celui qui apporte la sérénité au montagnard tout en respectant l'intégrité de la montagne. Quiconque veut aller au-delà de la carte postale doit s'élever dans les montagnes et se confronter à l'infini.

Le silence

« Va dans la montagne et écoute le silence.
Entre les bruits : la vraie musique de la nature. »

Adage japonais

De nos jours, le silence est une denrée rare ; d'ailleurs, la plupart des gens ont du mal à le supporter. Pourtant, le silence total n'existe pas. Même en l'absence de tout bruit de fond, nous entendons les sons produits par notre propre corps et la musique de la nature : un léger souffle de vent, le glissement de quelques grains de neige et le glacier qui gémit, craque ou gargouille.

Le monde civilisé, que nous avons créé en des dizaines de milliers d'années par la transformation de l'espace naturel en espaces culturels, est recouvert d'un tapis sonore continu, que ce soit à la campagne, en ville ou dans nos maisons. Les sources de bruit (circulation routière, éoliennes, machines et activités en tout genre) sont si nombreuses que notre oreille ne parvient plus à les différencier.

Alors que cette pollution sonore nous est pénible et que nous sommes devenus hypersensibles au bruit, nous n'entreprenons rien, en tant qu'individus, pour y remédier. Même la nuit, le calme est perturbé. Et en forêt, il

devient difficile d'échapper au vacarme des autoroutes, des avions et des tronçonneuses.
Combien d'heures ou de journées de marche en montagne dois-je effectuer pour trouver enfin le silence ? Pour entendre à nouveau ma voix intérieure et les bruits de la nature, que je perçois comme une musique : le murmure d'un ruisselet au bord du chemin, une pierre qui dévale la pente, au loin, ou le cri furieux d'un corbeau dans le ciel ? Toutes ces voix m'interpellent et, entre ces bruits, le silence est aussi profond que l'univers. La nuit, sous les étoiles, il l'est encore davantage : l'ouïe s'aiguise et tout mon être guette les moindres nuances de son ou de rythme.
Quand on ne voit rien, on tend d'autant plus l'oreille, à l'aguet d'un ennemi éventuel ou de la nature, que l'on perçoit sans pouvoir la maîtriser. Pour s'immerger dans un silence d'une telle qualité, il faut dépasser les ultimes confins de la civilisation, qui investit de nos jours le moindre kilomètre carré de nature sauvage.

Vacances en montagne

«Au cours d'une même journée en montagne, "vie contemplative" et "vie active" se succèdent en l'espace de quelques heures.» Viktor E. Frankl

Non, ce n'est pas la montagne qui nous appelle. Ce qui nous attire vers le haut, c'est le silence et l'immensité. Las de sa vie familiale ou professionnelle monotone et étriquée, le citadin aspire à prendre de l'altitude, à investir des régions qu'il imagine comme l'antithèse de son environnement habituel – d'autant plus qu'elles se trouvent dans des pays lointains. Mais la liberté tant espérée, le calme et la grandeur sont de plus en plus difficiles à trouver, même en altitude. Sans compter qu'on se heurte inévitablement à des problèmes environnementaux. Ce sont les montagnes les plus renommées pour leur beauté qui exercent l'attraction la plus puissante, mais c'est aussi là que l'appât du gain est le plus fort et fait le plus de ravages. En montagne, les touristes finissent par détruire ce qu'ils sont venus chercher.

Que ce soit pour une journée de randonnée en moyenne montagne ou pour des vacances d'été en altitude, des foules de gens arrivent de partout au volant de leur voiture. Pour les randonneurs comme pour les

grimpeurs, c'est la même chasse au trophée, la même obsession du degré de difficulté. Les parcours sont balisés de couleurs vives et les parois équipées de pitons à expansion : il ne faudrait pas que quelqu'un se perde ! Ni sur le plan horizontal, ni sur le plan vertical.
Après la mode du *fitness* est arrivée celle du *fun-fitness*, le « sport en s'amusant ». Il y a toujours du nouveau ! Ce qui n'a pas changé, c'est la propension – sous prétexte d'adorer la nature – à collectionner des récompenses, médailles ou autres, et à se rassembler avec ses semblables de manière sectaire. Comme si marcher, pédaler, grimper ou transpirer était plus agréable en meute… Même les habitants des montagnes ont tendance à s'agglomérer ! Plus de la moitié de la population des Alpes vit aujourd'hui dans des communes de plus de cinq mille habitants. Dans de nombreux cas, on ne peut plus vraiment parler de « zone rurale ».
Bien après l'époque où l'on ne traversait les Alpes à pied que pour les nécessités d'un voyage, les conflits entre « protecteurs » et « usagers » de la nature n'existaient pas – ni en moyenne montagne, ni à plus haute altitude. Puis, la randonnée s'est transformée en une chasse au trophée, et la course en montagne a cédé au fétichisme de la difficulté : l'une comme l'autre sont devenues la caricature d'une idée. Désormais, les

voitures envahissent par millions les parkings des vallées et leurs occupants accumulent par centaines de milliers les tampons des refuges dans leur « carnet de voyage », ou collectionnent des voies d'escalade au nom prestigieux, dont la paroi au biotope fragile a été criblée de coups de perceuse. Sans égard pour les choucas et les faucons pèlerins.

Ce n'est pas le grimpeur ou le randonneur isolé qui pose problème, c'est le déferlement des hordes. D'interminables colonnes de trekkeurs, des troupeaux de grimpeurs ou de vététistes et des essaims de parapentistes imposent une surcharge permanente aux sites sur lesquels ils ont jeté leur dévolu et qu'ils ont mis à la mode. Le piétinement et le passage des roues abîment les sentiers et fragilisent la couche végétale. Faune et flore souffrent et sont sacrifiées. Une fois la végétation ravagée, les animaux se font rares et les hommes avides de nature se mettent en quête d'un autre biotope à conquérir. Les cyclistes qui dévalent à toute vitesse un sentier ombragé – pourtant pédestre, en principe ! – ont peu de chance de repérer assez tôt une salamandre pour l'éviter…

Je ne suis pas un « écocondriaque », mais je sais que seule la crainte des restrictions et du danger permettra de réguler les activités de montagne, et donc de sauvegarder les zones d'altitude. Si l'hystérie actuelle sur la prévention du risque se poursuit, l'accès à la montagne des randonneurs, des grimpeurs et des alpinistes se verra peut-être restreint. Pas forcément parce qu'ils ne sont pas respectueux de l'environnement, mais tout simplement parce qu'ils seront devenus trop nombreux. Seule une infime partie de la haute montagne a été explorée. Comme la plupart des soi-disant amoureux de la nature s'y agglutinent, les autres zones sauvages restent désertes, pour l'essentiel. Au moins pour le moment.

L’arène de la solitude

« Les montagnes hivernales, mes montagnes, résonnent.
Les forêts sont recouvertes de neige.
Je veux sortir pour me réconcilier avec vous.
Je veux fuir cette époque, m’éloigner des marchés,
des chambres et des escaliers, du vacarme des rues !
Les montagnes boisées, les montagnes boisées
m’appellent et m’attirent ! » Gerrit Engelke

Il y a plus de cinquante ans, lorsque j’ai commencé à traduire en mots ma passion pour les cimes lointaines, l’engouement pour les « montagnes du monde » était balbutiant. Là-bas, où le luxe ultime était d’avoir les pieds au chaud, on trouvait encore le silence, l’aventure et le danger. Mais de nos jours, l’Himalaya est devenu un « espace thérapeutique » pour les nuées de touristes qui s’y pressent, avec une nette prédilection pour le mont Everest, le Manaslu ou le K2. Nous nous trouvons confrontés à cette contradiction entre notre désir d’ailleurs et le risque de dégradation, voire de destruction, qu’il implique. Peut-on profiter de la nature tout en la préservant, et si oui de quelle manière, à l’heure où les montagnes grouillent de visiteurs ? C’est un thème qui me tient particulièrement à cœur.

Autrefois, une expédition était synonyme d'inconnu, de risque et de danger de mort. En très haute altitude, un alpiniste sur deux souffrait de gelures aux pieds, et un sur dix y laissait la vie. Mais l'alpinisme d'expédition devait justement son prestige au fait qu'il dérogeait aux normes de l'alpinisme classique. Dans sa fuite en avant, l'alpinisme de très haute altitude sacrifie aujourd'hui toutes les valeurs qui lui étaient propres.

Dans toutes les montagnes du monde, ces biens de luxe, que l'homme a épuisés depuis longtemps dans les grandes villes – le temps, le calme, la tranquillité, l'espace, l'air et l'eau purs –, seraient disponibles gratuitement… Si l'on veut sauver la montagne, il faut absolument préserver ces éléments indispensables à la vie.

La valeur du temps ne peut se mesurer à l'aide d'un chronomètre. Avoir du temps, et pouvoir l'utiliser à sa guise, est un bien inestimable. Le calme est tout aussi essentiel. À quoi sert d'être bombardé d'informations, venues de toutes parts, si l'on n'y prête pas attention ? Le niveau sonore de la ville, entre le bruit de la circulation et le piaillement des téléphones, a de quoi vous rendre fou. Pour moi, les montagnes sont les dernières oasis de silence au monde. Après les vastes espaces de la montagne, la ville me fait l'effet d'une prison, avec sa densité humaine et son agressivité ambiante. À condition d'en faire un usage raisonnable, les montagnes pourraient nous servir à l'avenir de refuge, de retraite spirituelle.

Boire une eau propre et respirer un air pur demandera désormais des efforts de plus en plus importants. Même en y mettant le prix, il est déjà difficile, de nos jours, de jouir de ces privilèges. Il en va de même pour les aliments. Seuls ceux qui ont la chance de produire leur propre nourriture savent ce qu'ils consomment. Mais seuls ceux qui ont la force et les moyens de s'aventurer au-delà du monde bien structuré du travail et des loisirs organisés, et qui ne craignent pas de mettre ainsi en jeu leur vie et leur santé, pourront accéder à un environnement correspondant véritablement à la nature humaine – à l'homme qui marche, à ses capacités et à ses besoins sensoriels.

Le vrai luxe, à l'avenir, ne se trouvera ni dans les agences de voyages, ni dans les magasins de sport. Comme par le passé, ce n'est pas l'abondance, mais la raréfaction de certaines ressources et de certains biens qui en fera le prix. On aura de plus en plus de mal à se procurer le nécessaire, et il n'y en aura pas pour tout le monde, ce qui rendra d'autant plus précieuses les « montagnes du monde ». L'avenir qui nous attend n'est pas rose : les privilégiés, ce seront ceux qui auront appris à se contenter du nécessaire – et à l'apprécier –, et à se frayer leur propre chemin.

L'évolution de l'alpinisme s'est toujours faite sous l'impulsion de l'esprit ; l'aspect commercial et les questions matérielles n'ont joué qu'un rôle secondaire. L'alpinisme ne mourra pas, aussi longtemps que chaque nouvelle génération continuera à le réinventer.

À ses débuts, l'alpinisme n'était une partie de plaisir ni pour les intéressés eux-mêmes, ni pour ceux qui préféraient rester dans leurs foyers. Champ de tous les possibles mais aussi de tous les dangers, la montagne provoquait chez l'homme autant de fascination que de terreur.

Loin de moi l'intention de dénigrer l'esprit de pionnier et le courage héroïque des générations passées d'alpinistes qui, animés par la soif de conquête et souvent aveuglés par des idéaux empruntés à d'autres, s'emparèrent des dernières « zones blanches » du monde sauvage. Je ne partage pas l'idéal d'une nature vierge et romantique, mais je n'apprécie pas davantage l'hypocrisie d'une certaine éthique de l'alpinisme, qui n'a pas plus d'empathie pour la nature que n'en a la société industrielle.

La culture qui m'intéresse, c'est celle que l'homme crée lorsqu'il est à l'écoute des deux aspects de sa nature – la passion et la raison – et qu'il se met en quête de l'inutile. Quiconque exclut de prendre le moindre risque passe à côté d'une partie de la nature montagnarde. Quiconque ne cherche qu'à surpasser les prouesses d'autrui perd la conscience de lui-même. Autant sauter à l'élastique du haut d'une grue, gravir un mur d'escalade ou simuler sur ordinateur son trekking dans la nature sauvage !

Ce que recherchent aujourd'hui les pratiquants de nombreux sports de plein air, comme l'escalade sur voies équipées ou le ski de piste, c'est un divertissement, une brève décharge d'adrénaline ou un record insensé à décrocher. Pour ma part, il m'importe peu de savoir qui grimpe le plus vite, qui emprunte les voies les plus difficiles, qui saute le plus haut ou qui court le plus loin, pas plus que je ne me soucie de l'altitude exacte de l'Everest. Pourtant à notre époque, où nous assistons à une mutation profonde de la conception des loisirs, c'est dans ce sens-là que le rapport de l'homme à la montagne se modifie.

Si aujourd'hui écologistes et sportifs s'opposent de plus en plus souvent, ce n'est pas sans raison. Aux États-Unis, des grimpeurs sont poursuivis en justice pour avoir enfoncé des pitons dans une paroi granitique du parc national de Yosemite, tandis qu'en Bavière, le tribunal de la ville de Laufen condamne, « au nom du peuple », un guide de montagne pour vandalisme parce qu'il a retiré quelques pitons de la paroi sud de l'Untersberg. C'est vraiment à y perdre son latin ! Et si les uns parlent de « ruine de l'escalade » et les autres de « philosophie de la folie », c'est bien la preuve que nos contradictions – d'un côté le « toujours plus », de l'autre le renoncement – nous ont entraînés de plus en plus loin dans la confusion des valeurs et du langage.

Le glacier comme moyen de subsistance

« C'est dans la nature sauvage que réside la sauvegarde du monde. » Henry David Thoreau

Ces dernières années, on observe de nombreuses inondations dans toutes les régions glaciaires de montagne, coïncidant avec la désertification de vastes zones en contrebas des glaciers. Sous l'effet de pluies torrentielles d'une force et d'une fréquence inhabituelles, les cours d'eau sortent de leur lit et les lacs glaciaires débordent, provoquant le déferlement de coulées de glace, d'eau et de débris de roche sur les villages. Les habitants prennent la fuite et des vallées entières doivent être évacuées.

La hausse des températures affecte davantage les régions montagneuses que les plaines ou les villes, qui sont pourtant les principales responsables du réchauffement de la planète. Ce n'est pas le passage de quelques malheureux touristes qui provoque la fonte des glaciers – seuls l'Everest, le Denali et le mont Blanc sont trop fréquentés. Elle est la conséquence de notre mode de vie : de notre gabegie de sources d'énergie fossile, de nos déplacements incessants et de notre culte de la consommation. L'alpiniste de haute altitude se

trouve contraint au renoncement, même si pour lui, la montagne n'est pas un bien de consommation. Les glaciers fondent dans le monde entier et ils vont finir par disparaître. Le changement climatique provoque l'assèchement des vallées glaciaires, qui servent de bassins naturels de rétention pour les eaux indispensables à l'irrigation des champs, à la constitution de réserves d'eau douce, à la production d'énergie et à l'industrie. Les glaciers agissent comme des lacs de barrage d'altitude ou des réservoirs d'eau : ils aident à rétablir l'équilibre entre semaines sèches et semaines pluvieuses. La température moyenne en montagne a augmenté de plus de trois degrés, plus rapidement et davantage que dans les zones urbaines. Nous subissons plus d'inondations que par le passé, et pourtant le manque d'eau aura des conséquences encore plus graves : quand l'eau de fonte ne viendra plus compenser le déficit hydrique des périodes sans pluie, il s'ensuivra des sécheresses, de mauvaises récoltes et des feux de forêt.
Et pour finir, que restera-t-il de la grandeur de la montagne, une fois qu'auront fondu les neiges éternelles – un bien dont nous connaissons aujourd'hui toute la fragilité ?

Le changement climatique et la montagne

« La nature a toujours raison [...]. Les fautes et les erreurs sont toujours imputables à l'homme. »

Johann Wolfgang von Goethe

Le réchauffement global est une réalité. Il est particulièrement perceptible, visible, sensible, en montagne. On ne peut plus ignorer les étés torrides, le dépérissement des forêts d'altitude ou les éboulements qui se produisent sous l'effet de la disparition du permafrost.
Ceci dit, le climat s'est toujours transformé : l'histoire de la Terre est celle d'un processus de changement continu. À l'époque d'Ötzi, il y a cinq mille trois cents ans, il faisait plus chaud qu'aujourd'hui. Mais le réchauffement global actuel est si brutal que la nature – les plantes, les animaux, l'homme – n'a pas le temps de s'y adapter. Les pluies torrentielles emportent la terre, les arbres les plus robustes ploient et tombent sous les coups du vent, et la canicule dessèche des régions entières, à tel point que les incendies ravagent de vastes étendues et qu'ensuite, plus rien ne fait obstacle à l'érosion.
En montagne, les effets du changement climatique, force motrice du réchauffement global, sont plus rapides et plus perceptibles qu'en plaine, où se trouvent

pourtant, dans le monde entier, les centres urbains, les industries et les autoroutes qui accélèrent le processus.
La progression fulgurante du réchauffement climatique est largement imputable à la civilisation moderne, à sa folie de la vitesse, à son consumérisme et à son goût pour la mobilité. Les conséquences seront désastreuses pour les générations futures, qui hériteront d'un habitat fragile et détérioré, où toute tentative de réparation ou de régulation aurait un coût démesuré. Et pourtant, l'instauration d'un pacte international pour le climat, puissant et efficace, se fait toujours attendre.
Randonneurs et alpinistes ont moins d'impact sur l'environnement lorsqu'ils parcourent la montagne sac au dos que lors de leurs activités quotidiennes de citadins, à condition toutefois qu'ils s'y rendent en bus ou en train plutôt qu'en voiture ou par avion.
Il s'agit donc de remettre en question nos modes de déplacement et notre consommation de biens ou d'énergie. Si, comme en montagne, nous ralentissions tous l'allure, si nous allions vers plus de tranquillité et de simplicité, ce serait à la fois bénéfique pour l'environnement et pour notre vie intérieure.

La responsabilité humaine

« Tout là-haut, certes, soufflent des tempêtes.
Mais elles ne font qu'effleurer nos antennes. » Bertolt Brecht

La montagne est-elle « juste » ? Non, elle est là, c'est tout. Elle fait partie de la nature et ne contient aucune dimension morale. Lui imputer la responsabilité de catastrophes imprévisibles et inévitables serait une tentative de moralisation de la nature. Des chutes de pierre, des avalanches, des orages violents ou des inondations dévastatrices, il y en a toujours eu, en l'absence de l'homme comme en sa présence.
La montagne n'est ni bonne ni mauvaise, et certainement pas « juste ». Mais l'homme a fini par devenir si puissant que de son comportement dépend aujourd'hui l'équilibre des montagnes, dans le monde entier. Par son action, il a perturbé l'harmonie entre nature et culture. À eux seuls, les alpinistes seraient bien incapables de détruire cet équilibre précaire : c'est l'humanité dans son ensemble, et surtout la société de consommation occidentale, qui est responsable.
Le mode de vie actuel va de pair avec le changement climatique, dont les effets, s'ils sont particulièrement sensibles en montagne, s'avèrent délétères pour tous

nos habitats. L'inquiétude est profonde, mais les actions courageuses et concrètes ne suivent pas. Rares sont ceux qui adoptent un mode de vie plus écologique, qui attribuent au renoncement une valeur positive. Même les rares alpinistes qui mettent le renoncement au centre de leurs actions continuent à prendre l'avion pour se rendre dans les coins les plus reculés du globe.

Les couches géologiques de la roche sédimentaire racontent au grimpeur l'histoire de la Terre. Mais maintenant que nous sommes arrivés à l'« anthropocène », avec son cortège de calamités (réchauffement global, disparition du permafrost, accélération brutale de l'érosion, événements climatiques violents), nous préférons détourner le regard. L'espèce humaine est responsable de la culture qu'elle engendre, tandis que la nature est responsable d'elle-même, pensons-nous. Mais face à la réalité, il est temps de revoir cette position, car la responsabilité humaine dans le changement climatique est indéniable.

Sport, jeu ou aventure ?

« Tout acte de consommation ostensible est une démonstration de puissance : les dépenses excessives sont toujours destinées à être vues par des spectateurs qui se laissent impressionner. » Hans Magnus Enzensberger

Les montagnes ne sont plus des territoires vierges. Il n'y aura pas de retour en arrière. Elles se transforment sous nos yeux en un immense terrain de sport. Ce qui était pour les skieurs et les alpinistes d'autrefois une recherche de communion avec la nature est aujourd'hui un sport. La quête de l'inconnu, du mystère de la montagne, le besoin de se mesurer à la nature : tout cela est bien fini. Aujourd'hui, la montagne est une arène où l'on s'affronte entre êtres humains, avec des règles, des chronomètres… et tous les dispositifs de sécurité possibles.

L'alpinisme est devenu un bien de consommation, un luxe, une expression de notre « civilisation ». Il a longtemps fait appel à l'instinct de survie et à ce qui reste de l'instinct du chasseur, mais il est plutôt synonyme aujourd'hui d'esprit de compétition – ou tout simplement de tourisme. Ce type d'alpinisme sera, lui aussi, remplacé par un autre. L'« alpinisme de piste », cousin du ski de piste, n'est déjà plus qu'une technique stérile et sans âme. L'escalade et la randonnée seront supplantées un jour par des jeux de ballon et des sports de vitesse en tout genre.

Les pionniers éprouvaient peut-être plus de bonheur et de satisfaction lors d'une journée tranquille et solitaire, « sans aucun incident », que les touristes d'aujourd'hui après l'ascension d'un K2. Pour ma part, une seule journée bien remplie, passée à cheminer dans des paysages de montagne romantiques et spectaculaires, me procure des sensations bien plus intenses qu'un séjour bien-être d'une semaine dans un hôtel de montagne. En fin de compte, nous sommes tous le produit de notre culture urbaine. La seule chose qui nous différencie, c'est notre pratique de la montagne, plus ou moins artificielle, pendant nos loisirs.

Après avoir été pour l'homme, pendant des millénaires, un point de repère et un territoire mythique, la montagne est devenue, au cours des deux cent cinquante dernières années, l'objet de ses désirs et le théâtre de ses exploits sportifs ou de ses jeux. Apparu à l'époque des Lumières, de l'industrialisation et aussi de la soif de conquête, l'alpinisme moderne s'inscrivait, à ses débuts, dans la mouvance romantique du « retour à la nature ». À l'alpinisme de conquête – de la première ascension du mont Blanc (1786) à la « victoire sur le mont Everest » (1953) en passant par la « lutte pour le Cervin » (1865) – succéda un « alpinisme de la difficulté » mettant l'accent non plus sur le sommet, mais sur la voie empruntée pour l'atteindre. Les moyens mis en œuvre étaient d'importance secondaire. En 1933, Emilio Comici aurait, quand cela s'avérait nécessaire, percé des trous dans la face nord de la Cima Grande di Lavaredo pour s'y frayer un passage. La face nord de l'Eiger fut gravie en 1938 en utilisant toutes les astuces connues à l'époque, et les Britanniques qui vainquirent la face sud-ouest de l'Everest en 1975 eurent recours à des cordes fixes, à des bouteilles d'oxygène et à des plates-formes pour leur camp de base.

C'est seulement il y a une cinquantaine d'années que s'est imposée une nouvelle conception de l'affrontement entre l'homme et la montagne, celle du renoncement aux artifices. Mais dans le même temps, téléphones portables et hélicoptères de secours faisaient leur entrée en montagne, avec pour conséquence « l'urbanisation des comportements » dans certaines destinations à la mode. Le renoncement volontaire de l'homme à la supériorité que lui procurent les moyens techniques demeure donc une question controversée. Elle reste ouverte, tandis qu'une douzaine de variantes

ludiques des sports de montagne, chacune avec son propre règlement, ont récemment émergé.
En 1911, Paul Preuss demandait déjà à ce qu'on dissocie l'alpinisme de l'escalade, mais nous avons compris ce qui les différencie il y a seulement quelques années : en escalade, l'important n'est ni la cime ni la paroi, mais l'exploit sportif. Il convient aussi de distinguer l'escalade sur mur artificiel (généralement pratiquée en salle, de nos jours) de l'escalade libre sur roche naturelle, non équipée. Même dans l'alpinisme de très haute altitude – qui est plus éloigné de l'escalade sportive que le marathon l'est du 100-mètres –, j'apprécie que soit intégrée la dimension sportive du *by fair means*. C'est la qualité du style qui importe dans une ascension, non le « résultat » obtenu à prix d'or, ni la vitesse. Il faut qu'une ascension soit propre : c'est cela qui fait sa valeur. Si Erhard Loretan a gravi en seulement deux jours la face nord de l'Everest, ce n'était pas pour battre un record de vitesse, mais parce que sa stratégie et ses capacités techniques lui permettaient ce tour de force.
L'alpinisme traditionnel, qui s'est développé dans les Alpes avant de gagner presque toutes les montagnes du globe, est lui-même en constante évolution. Aujourd'hui, l'accent est mis, je veux l'espérer, sur l'amélioration des capacités techniques en escalade libre

et sur une attitude plus responsable vis-à-vis de l'environnement. Pour que le plaisir ou le désir d'atteindre un sommet – par des sentiers, des parois ou des arêtes rocheuses – reste toujours aussi vif pour l'homme, il ne doit pas transformer la montagne en terrain de sport. Lorsque je me demande : « Comment vais-je gravir cette montagne ? », ce qui me préoccupe, c'est moins l'aspect sportif que des considérations écologiques. « Dans quel état laisserai-je cette portion de montagne à ceux qui viendront après moi ? » De nos jours, cette question est du domaine de l'éthique.

Ce que j'ai appelé l'« alpinisme du renoncement » est en totale opposition avec le comportement de certaines personnes qui paient des sommes exorbitantes pour faire l'ascension de l'Everest. L'alpinisme tel que je le conçois pourrait bien ouvrir la voie à une nouvelle manière de voir les choses : aucune action n'est dénuée de sens si celui qui l'accomplit agit dans le respect de la nature et dans le but de conquérir ses propres « zones blanches ». Pour les premiers explorateurs et cartographes, la mention « *Hic sunt dracones* » (« Ici sont les dragons ») signalait des terres vierges et inconnues. Aujourd'hui, cet avertissement pourrait s'appliquer au monde intérieur de l'homme et à la lutte qu'il livre à ses propres dragons.

L'alpiniste français Lionel Terray qualifiait les alpinistes de « conquérants de l'inutile ». Voltaire, déjà, affirmait que « l'inutile et le superflu sont plus indispensables à l'homme que le nécessaire ». Certes, l'histoire de l'escalade et de l'alpinisme est entachée du péché originel de la soif de conquête victorienne, mais ceux qui frôlent les limites les plus hautes sont capables aussi de se renouveler. Il faut pour cela que nous sachions, tant qu'il en est encore temps, sauvegarder glaciers et rochers, notre « nature blanche », et qu'en montagne, nous réduisions au minimum le recours à des artifices.

Le danger et la mort en montagne

« Dans l'interaction entre l'homme et la nature, les erreurs sont toujours du fait de l'homme. La nature ne peut pas commettre d'erreurs. La montagne ne se venge pas non plus des actions humaines. Elle en engloutit toutes les traces comme si elles n'avaient aucune signification. La montagne est là, c'est tout. » **Reinhold Messner**

Depuis une vingtaine d'années prévaut une conception de la montagne qui tend à en minimiser les périls. De nombreuses voies ont été sécurisées par des pitons à expansion. On aménage les huit mille pour permettre des ascensions de masse. Avec pour résultat la ruée vers les sommets de « consommateurs de montagne » qui ne maîtrisent pas les techniques de l'alpinisme et en ignorent souvent jusqu'aux rudiments. Au lieu de considérer les dangers, les difficultés et les efforts à fournir comme des instruments de sélection naturelle permettant de limiter le tourisme de masse, beaucoup de gens ont de la montagne une vision de carte postale : une belle proéminence rocheuse baignée de soleil et un pan de glace étincelant sous un ciel serein, sur lesquels on peut s'exercer comme sur un équipement sportif. Mais la montagne n'a jamais été inoffensive, et elle ne le

sera jamais. Gravir un haut sommet, c'est risquer sa vie. Et même, de plus en plus souvent, il n'est pas nécessaire d'aller bien haut pour s'exposer au pire.
Alors que j'ai toujours décrit l'alpinisme extrême comme une pratique dangereuse, on me reproche aujourd'hui d'avoir contribué, par mon exemple, au déchaînement du tourisme de masse. Je ne me sens responsable que de mes propres déclarations et de mes propres actes, et certainement pas des décisions ou de l'hubris de certains idéalistes autoproclamés, qui ont envie de jouer à être Hillary ou Messner. En tant que chef d'expédition, bien sûr, j'ai toujours été responsable de l'organisation et du choix de la voie. Et ce, même si mes expéditions n'étaient pas des voyages organisés. À chaque fois, j'ai fait appel aux meilleurs alpinistes et chacun était responsable de lui-même. Nous étions tous de valeur égale. Quand le propriétaire d'une compagnie aérienne américaine m'a demandé de le mener au sommet de l'Everest en échange d'actions de son entreprise, j'ai refusé, car il aurait fallu que je garantisse sa sécurité, et je n'étais pas en mesure de le faire. La moindre chute de séracs aurait suffi à nous envoyer *ad patres*.
La contradiction inhérente aux « expéditions commerciales » se manifeste dans leur épilogue. Si le client en revient sain et sauf, l'organisateur est un héros ; sinon, on porte plainte contre le guide.

Moi aussi, il m'est arrivé d'amener des clients en haute montagne. En 1972, j'ai été chef d'expédition sur un sept mille dans l'Hindou Kouch. Immédiatement après mon retour, j'ai décidé de ne jamais renouveler l'expérience. Le danger est trop grand. Au camp de base, des participants m'ont menacé de poursuites judiciaires si je ne les laissais pas poursuivre l'ascension. À la fin, ceux qui avaient dû s'arrêter en route m'ont traité de tous les noms, et ceux qui étaient arrivés au sommet m'ont serré dans leurs bras. En altitude, les tempêtes et les avalanches ne sont pas les seuls éléments imprévisibles : les êtres humains ont souvent, eux aussi, un comportement irrationnel, en raison du manque d'oxygène.
La publicité présente une ascension avec un guide de montagne comme une entreprise aux limites de l'extrême, mais à la portée de tous : sans danger et sans encombres, et pourtant prestigieuse. Quelle idiotie ! Débarqués au camp de base en hélicoptère et chaperonnés 24 heures sur 24, ces nouveaux « yuppies des montagnes » veulent aller partout, mais sans risques ni efforts excessifs. Ils se hissent vers les sommets, sur des voies équipées de cordes fixes et de tous les dispositifs possibles d'aide à l'escalade.
Cela fait plus de vingt-cinq ans que je dénonce les dangers de telles expéditions, peu importe les compétences

des guides qui les proposent. Ils vendent quelque chose qui n'existe pas : un mont Everest apprivoisé ou un K2 en « forfait-vacances tout compris ».
Ce qui a changé, dans le rapport que l'homme entretient avec la montagne, c'est son attitude envers elle. La montagne qui défile à travers la vitre d'une voiture ou s'affiche sur les écrans de télévision, nous la percevons comme une carte postale idéale et, dans notre esprit, nous l'assimilons de plus en plus à un équipement sportif. Nous y allons pour skier, randonner, grimper et faire du rafting, du VTT ou du parapente, comme d'autres se rendent sur un court de tennis ou à la piscine. Ce n'est pas un hasard si la plupart des grimpeurs pratiquent l'escalade exclusivement en salle. Il n'y a qu'à voir les foules de touristes qui se ruent chaque été sur les stations à la mode pour comprendre qu'aller en montagne est devenu une activité sportive de groupe. Si tant de gens se rassemblent au même endroit et au même moment, ils ne peuvent pas tous avoir tort, se dit-on, et ça ne peut pas être si dangereux que ça…
Mais on se trompe lourdement, et doublement ! Le Cervin reste dangereux, même s'il peut y avoir trois cents personnes par jour à tenter l'ascension sur sa roche friable. On perd ainsi les valeurs fondamentales de l'alpinisme que sont le silence, l'autonomie et la

grandeur. Le tourisme de masse compromet le milieu dans lequel l'homme cherche à faire l'expérience de lui-même. Et il finit par priver l'alpinisme de tout son sens. C'est le nombre de personnes impliquées, plus que leur comportement, qui explique l'évolution actuelle des mentalités. Heureusement, dans le monde entier, seuls les sommets les plus illustres (une bonne trentaine environ) sont véritablement pris d'assaut. Ailleurs, les zones de haute altitude sont désertes pour la plupart, sans doute parce que l'inconnu fait peur…

Aujourd'hui, alors qu'à certaines périodes de l'année, cinq cents personnes tentent chaque jour l'ascension de l'Everest, ce n'est plus la même montagne que celle que gravirent en 1953, pour la toute première fois, Edmund Hillary et son sherpa Tenzing Norgay. D'abord parce qu'elle est jonchée de bouteilles d'oxygène vides, de tentes cassées et d'emballages en tous genres, mais aussi et surtout parce qu'une ascension en file indienne sollicite bien peu l'esprit de l'homme. L'altitude de l'Everest n'a pas changé, bien sûr, même s'il y règne une ambiance de fête foraine. Et le risque de chute mortelle n'est pas exclu, même en file indienne. Le tourisme de masse ne fait pas moins de victimes, bien au contraire.

Aujourd'hui, l'homme pense dominer la nature : il se sent supérieur. La plupart d'entre nous sommes

persuadés, même si nous n'en avons pas conscience, que les avancées technologiques permettront de réparer les dégâts infligés à la nature. Même les alpinistes se disent qu'avec le progrès, tout finira par s'arranger. Quelle erreur ! Si un morceau de la paroi ou un sérac de cent mètres de long, quinze de large et vingt de haut se détache au-dessus de lui en haut des Grandes Jorasses ou du Nanga Parbat, l'alpiniste n'aura aucune chance de l'éviter. L'appel d'air, à lui seul, suffira à précipiter dans l'abîme tout ce qui se trouverait sur la ligne de chute du projectile – même un mur de protection.
Pour ne pas mourir en montagne, le mieux, c'est de ne pas y aller. Ou alors il faut connaître ses limites, savoir battre en retraite et renoncer. Cette expérience aussi fait partie de l'alpinisme. Les conditions matérielles, la météo, les capacités individuelles et la forme physique de chacun ne se conjuguent pas tous les jours de manière optimale. Celui qui veut apprendre à se connaître « entre ciel et terre » n'a qu'à aller là où personne d'autre ne va, et se frotter à ses propres limites. Si nous nous répartissions uniformément sur toutes les montagnes, cela permettrait à la fois de préserver le milieu et de sauver des vies.
Mais apparemment, les hommes ne se sentent à l'aise que lorsqu'ils se rassemblent par centaines ou par

milliers dans le même espace, pourtant de plus en plus restreint à l'approche de la cime... Faut-il vraiment continuer à nous bousculer ainsi, jusqu'à ce que les montagnes en crèvent ?
La détérioration de la montagne n'est pas due uniquement à l'érosion. Elle est aussi fortement liée au comportement grégaire de l'homme. La chute en file indienne n'est pas seulement une image de ce qui nous attend, elle est le symbole de la perversion d'une idée. Mais parmi les explorateurs de l'extrême, ceux qui sondent leurs propres limites et les respectent ne sont plus dans le coup. Ce qui est à la mode, à l'heure du « tout compris », c'est la consommation effrénée, dévorante, de la montagne.

Retour à la montagne

« Le problème, c'est qu'on a commencé à prendre les Alpes pour un parc de loisirs sécurisé, dans lequel on peut se déplacer en toute insouciance. » Gerhard Fitzthum

Alpinistes et randonneurs ne peuvent pas rester sans bouger ; croupir en plaine ou dans leur chambre, ce n'est pas pour eux. Qu'ils courent après le frisson de la peur ou après la sensation du bonheur, ils n'ont tous qu'une idée en tête : monter, monter toujours plus haut. La notion de « renoncement » leur est étrangère.

Et tout ce monde marche ou grimpe, plane en parapente ou saute en *basejump*, évolue sur une *slackline* tendue d'une aiguille rocheuse à l'autre ou se faufile le long d'une gorge, pédale entre forêts et cirques glaciaires ou se laisse ballotter sur un radeau gonflable entraîné par un torrent fougueux. Ces générations qui n'ont jamais connu le manque, la faim ou le froid viennent chercher en montagne des émotions fortes. C'est une drogue d'un nouveau genre : elles sont prêtes à courir tous les risques, dans l'espoir de se sentir vivre, enfin ! De plus en plus nombreux, les accros à l'adrénaline s'adonnent aux joies de l'escalade libre, de l'escalade de vitesse, du canyoning, du trekking ou du

VTT. Dans ces activités particulièrement prisées par le tourisme de masse, il s'agit plus de faire la preuve de son courage que de s'immerger durablement dans la nature, à la rencontre du danger, de la fatigue physique, du doute et du bonheur. Avec leurs airbags, leurs certificats de contrôle technique et leurs portables, ce que ces amateurs de sport à sensation viennent chercher aux confins du monde sauvage, c'est un risque bien dosé, encadré, maîtrisé. Et bien sûr, le tout est enregistré sur une GoPro puis commenté et publié sur Facebook!

Évidemment, il ne s'agit pas d'interdire ces activités: elles sont aussi légitimes que l'aventure en montagne. Mais il faudrait les décrire de manière objective, sans se bercer d'illusions sur ce qu'elles sont.

Le « retour à la montagne » que je préconise – l'art de la survie face à des dangers réels, le réveil des instincts naturels et la redécouverte de ses racines personnelles – ne peut s'effectuer que dans le monde sauvage. Le « sport en s'amusant », dans une nature aménagée pour permettre à des citadins blasés de jouer à se faire peur, c'est de la consommation pure. Aujourd'hui, l'aventure et la sécurité se monnayent, jusqu'au sommet de l'Everest. Les produits de l'industrie du tourisme qui rencontrent le plus de succès actuellement, ce sont des équipées que l'on peut réserver à prix d'or

et qui promettent de « changer votre vie » du jour au lendemain.
« On est en train de transformer les Alpes en un eldorado pour les snowboardeurs, les skieurs hors piste, les pilotes de jeep, les parapentistes et autres sportifs en tout genre », reconnaît l'homme politique bavarois Thomas Goppel – et il n'est pas le seul. L'estime de soi, le plaisir et le prestige doivent aujourd'hui pouvoir s'obtenir sans trop d'efforts et presque sans risque ; voilà pourquoi des « terrains d'aventure » de nature commerciale fleurissent un peu partout dans la montagne : sentiers balisés, sites d'escalade équipés (avec parking !) et parois rocheuses hérissées de pitons jusqu'au ciel. Le vaste réseau de téléphonie mobile nous permet de rester en contact avec le reste du monde. Même sur les cimes, on capte Internet ! C'est ainsi que des millions de gens cherchent le bonheur extrême dans un monde qui est à la fois à portée de main et virtuel.
Non, l'alpinisme n'est pas mort. Les amateurs de sports de plein air de la jeune génération sont mieux entraînés que jamais, ils n'ont jamais été aussi nombreux et n'ont jamais eu autant de possibilités. En revanche, les étendues vierges, de nature sauvage et de tranquillité diminuent. Pourtant, leur protection est aussi importante que celle des personnes. Pour éviter les chutes aux

grimpeurs, on hérisse les parois de pitons un peu partout. Pour protéger des avalanches skieurs et surfeurs de plus en plus inconscients, les promoteurs touristiques entourent des domaines skiables entiers de structures en acier. On utilise des canons de l'armée pour déclencher des avalanches sur les flancs des montagnes et on survole régulièrement les glaciers pour repérer les dangers et les circonscrire. Tout cela est sans doute nécessaire, mais le monde sauvage disparaît à vue d'œil.

De gros moyens sont mis en œuvre pour favoriser le tourisme : nouvelles voies d'accès, canons à neige, télécabines, paravalanches, organisation des secours, hélicoptères. Les experts en nivologie et les entreprises spécialisées dans la sécurité ont le vent en poupe. Les services de secours en montagne aussi, malheureusement. Car les amateurs d'émotions fortes qui courent des risques inutiles sont de plus en plus nombreux. Une attitude qui, en montagne, peut rapidement avoir une issue fatale. Or la mort, ce n'est pas bon pour l'image d'une station. Il faut donc, selon les promoteurs touristiques, en faire encore davantage pour la sécurité des clients.

Les « terrains d'aventure » vont-ils continuer à grignoter la montagne ? Il faut absolument empêcher cela ! Pour que la montagne ait une chance de préserver les valeurs qui la caractérisent, il importe de sauvegarder ce qui reste des zones alpines. C'est à cette condition seulement qu'elle pourra se défendre contre les masses qui dévastent son immensité, à force de se presser là où elles n'ont pas leur place.

La réduction, une valeur ajoutée

« La tentative de sauver l'environnement par le renoncement a peu de chances de réussir. »

Franz Josef Radermacher

Voilà plus de huit mille ans que l'homme imprime sa marque sur les zones montagneuses, mais la transformation radicale de leur écosystème ne date que du Moyen Âge. Le paysage naturel caractérisé par une forte instabilité a peu à peu été transformé en un paysage culturel plus permanent, qui a permis le séjour en montagne d'un plus grand nombre de personnes. Mais les avalanches et autres catastrophes naturelles n'ont pas cessé pour autant.

C'est seulement au XXe siècle que l'homme a commencé à oublier ce qu'il savait sur le danger de certains sites. De nombreuses régions montagneuses sont alors passées d'une économie agraire à une économie touristique, et le paysage s'est dégradé.

Longtemps après les villégiatures thermales des Romains, dans l'Antiquité, et les pèlerinages médiévaux dans l'Himalaya ou ailleurs, les débuts du tourisme moderne en altitude coïncident avec la découverte de la haute montagne.

Avec la construction de voies ferrées traversant les Alpes, à la fin du XIXe siècle, le nombre de voyageurs progresse rapidement grâce, en partie, à la vogue du thermalisme. La fin de la Seconde Guerre mondiale voit apparaître l'engouement pour le ski et le développement des premières stations de sports d'hiver, équipées de grands hôtels et de remontées mécaniques. Au XXe siècle, le tourisme devient un acteur économique majeur dans les Alpes, à côté des usines hydroélectriques et d'autres types d'industrie. Là où il y a encore cinquante ans dominaient les exploitations agricoles et forestières, on trouve aujourd'hui des stations de ski ou des terres en friche. Là où se pratiquaient des activités minières, on trouve parfois des usines, mais le plus souvent, il n'y a plus rien du tout.

Avec l'avènement du tourisme de masse qui suit la Seconde Guerre mondiale – d'abord dans les Alpes puis dans toutes les zones montagneuses proches de centres urbains –, on assiste à la création systématique de vastes domaines skiables reliant plusieurs stations et équipés de télécabines et remonte-pentes. En peu de temps, s'est accomplie une profonde mutation qui a transformé des zones agricoles en zones de loisirs, provoquant l'appauvrissement des secteurs épargnés par le développement et l'urbanisation.

À présent, des millions de gens fuient l'anonymat des grandes villes pour se mettre au vert à la montagne, mais en se ruant ainsi en masse, ils apportent avec eux l'agressivité, le vacarme, la frénésie et la promiscuité auxquels ils cherchent justement à échapper.
Je comprends leur aspiration à la tranquillité, au repos, à l'air pur, à l'espace et à un environnement propre, mais le problème, c'est qu'ils ne voient pas le fossé qui existe entre leur désir et la réalité. Tous ces citadins assouvissent en altitude leur besoin de mouvement et ils repartent chez eux généralement satisfaits mais en faisant part, assez fréquemment, d'une certaine indignation face à la décadence de « leurs montagnes ». En fait, bon nombre d'entre eux se réserveraient volontiers l'exclusivité des expériences et des aventures censées soulager la pression imposée par la société moderne. À une époque où l'augmentation du niveau de vie et la diminution du temps de travail, coïncidant avec une plus grande mobilité, leur permettent de voyager plus souvent et plus loin, ils parcourent le globe à la recherche de « pépites » qu'ils espèrent s'approprier.
En nous employant à l'exploitation durable et à la préservation des Alpes – qui ont vu naître l'alpinisme, avec toutes ses conséquences touristiques –, nous servons d'exemple à toutes les zones montagneuses du

monde. Ici comme ailleurs, ne connaîtront la réussite que les politiques les plus ambitieuses, à visée internationale. Comment faire pour réactiver les liens perdus qui unissaient l'homme à la nature ? Pour surmonter les principaux obstacles, nous devons faire appel à notre sensibilité, à nos instincts et à notre respect de la montagne.

Si l'on veut s'attaquer sérieusement aux problèmes environnementaux de notre époque, il ne suffira pas de penser et d'agir en circuit fermé : il faudra apprendre à dialoguer avec les nombreux citadins qui considèrent les montagnes du monde entier comme un terrain de jeu, ou au mieux, comme une oasis de silence. Le potentiel de la montagne réside dans le fait qu'elle recèle tout ce dont rêve le citadin et dont il aura encore besoin demain.

Alors que le principal objectif de l'escalade sportive pratiquée en salle est d'atteindre la meilleure performance sans courir le moindre danger, l'alpinisme consiste à surmonter les difficultés inhérentes à la nature du terrain montagneux, avec pour seuls moyens de protection ceux que nous offre la montagne elle-même. Ainsi, l'alpinisme nous donne l'opportunité de nous immerger, momentanément, dans l'espace archaïque qui a fait de nous les hommes que nous sommes aujourd'hui.

2. LES MONTAGNES ET MOI

La consolation des montagnes

« La nature est source d'inspiration et d'espoir. »

Vincent van Gogh

Mon désir de paysages vierges, c'est surtout en montagne que je l'assouvis, peu importe dans quel pays du monde. Toutes les montagnes ont des millions d'années de plus que nous, tandis que l'horizon temporel de l'humanité ne représentera qu'un bref épisode de la vie de la Terre. D'ailleurs, nous autres, les hommes, nous n'existerions même pas sans les montagnes. Si la Terre était plate, sans aucun relief, ni montagnes, ni vallées, ni plaines, l'eau des océans en recouvrirait toute la surface. Rien d'étonnant alors à ce que de nombreux

mythes, dans les civilisations les plus diverses, aient trait à la montagne. La montagne est indissolublement liée à l'histoire de la Terre et à celle de l'humanité.
Que ce soit au Tibet, à Bali, au Japon, en Équateur ou chez les Indiens Hopis, de nombreux rites ont ces mythes pour origine : les montagnes sont la demeure des dieux ou l'axe de la Terre, autour duquel tout se meut.
En présence de la montagne, ce ne sont pas tant les données historiques et géologiques qui nous impressionnent, mais les mythes et les légendes évoquant les démons, les sorcières et les animaux fabuleux qui peuplent ces régions presque inaccessibles à l'homme.
Les montagnes ne nous sont pas indispensables pour vivre, à nous les vivants, qui craignons le Royaume des Morts. Pourtant, elles nous attirent par leur hauteur, leur silence et l'immensité de leurs espaces. Là où la montagne frôle le ciel se trouve l'infini, l'intemporalité, le « Royaume des Âmes ».
Dans l'ouest du Népal, on érige sur les collines où reviennent les âmes des morts des statues en bois nourries de l'esprit des dieux, qui apportent à ceux qui restent assistance et consolation. Dans ces lieux sacrés se déroulent régulièrement des rituels : danses, cultes sacrificiels, prières et chants.

Un tiers de la surface émergée de la Terre est montagneuse : nos désirs, nos sens, nos âmes disposent donc d'un vaste espace. Pour moi, la montagne représente aujourd'hui le repos et la paix. Comme j'habite en altitude, je la vois vivre en toutes saisons, qu'il pleuve ou qu'il vente. En parcourant tous les paysages montagnards imaginables, je me concentre sur la marche, sur les populations rencontrées en chemin et sur mes besoins. Les cimes ne sont plus pour moi le but ultime : elles sont la porte vers l'infini. Quand l'agitation de l'arrivée s'apaise en moi, elle fait place au calme, à la lenteur, à la patience. Marcher sans hâte, prendre son temps, être là, tout simplement, sans se poser de questions.

En s'enfonçant dans la montagne, on est comme porté par le mouvement de l'eau qui s'écoule vers la vallée, par l'intensité des couleurs, par la variété des parfums et par ses souvenirs. Le silence, pendant des heures, et la simplicité de la vie me permettent de connaître enfin la paix. Je suis comblé, je foule prudemment le chemin en veillant à ne pas laisser la moindre trace, je ressens un profond respect pour la montagne avec laquelle je ne fais plus qu'un. Tous mes sens en alerte, je perçois ce qui m'entoure et je ne suis plus qu'un grain de poussière sur les ailes du temps.

À pied en montagne

« Adieu, salons polis !
Hommes polis ! Dames polies !
Je veux gravir les montagnes
et de là-haut, me moquer de vous. » Heinrich Heine

« *Wanderlust* », un mot forgé par les Romantiques allemands, évoque le désir de partir à pied par les chemins. En montagne, ce cheminement sollicite tous les sens. Il favorise l'indépendance, la découverte et le calme. Nous écoutons le chant des oiseaux, nous nous apaisons, nous balayons d'un regard vif les montagnes environnantes, qui cessent alors d'être une simple toile de fond. Le monde alpin exerce sur nous un effet bienfaisant, surtout jusqu'à la limite de la végétation. Dans la verte nature, là où poussent des arbres, des fleurs et de l'herbe, nous respirons plus librement que dans des vallées encaissées ou sur la roche nue. Nous prenons conscience de l'énergie particulière dégagée par les montagnes qui nous dominent.
Parcourir la lisière entre paysage culturel et paysage naturel me fait beaucoup de bien. Ma créativité s'en trouve stimulée et les montagnes qui m'entourent deviennent le reflet de mon existence.

Notre rythme de vie s'accélère constamment : les expériences se succèdent de plus en plus rapidement. J'ai du mal à supporter le rythme effréné du milieu urbain. La marche, en revanche, oblige à la lenteur. À chaque pas, le paysage change, le sentier sonne différemment sous le pied ou un nouveau parfum vient caresser les narines. Nous nous ouvrons ainsi à l'inconnu, à la nouveauté. Cette forme d'attention flottante, sans but précis, stimule la recherche d'idées nouvelles, aide à l'orientation et aiguise la perception du temps et de l'espace.
Lorsque nous regardons en arrière, vers la vallée, ou en avant, vers l'horizon, s'enclenche en nous un processus qui nous permet de nous situer dans l'espace. Trouver ses repères dans un environnement inconnu est l'un des défis de l'itinérance – d'ailleurs, les difficultés aussi font partie de l'expérience, même si on ne risque guère de trop présumer de ses forces en se promenant en forêt ou dans les alpages. En revanche, le monde sauvage – les déserts, les zones polaires, la haute montagne – est fascinant, mais tellement inhospitalier qu'il est quasiment impossible d'y trouver la quiétude.
Seule l'immersion totale dans le paysage, dans le climat, dans le temps, permet d'accéder au sens des choses. Le rapport conscient à la nature s'intensifie au fur et à mesure de nos contacts avec elle. Mais c'est à pied qu'il

faut découvrir un endroit pour s'y sentir en communion de tout son être et avoir envie d'y retourner.
Chaque fois que je me sens un peu perdu, je pars marcher en montagne. Je n'ai qu'à refermer derrière moi le portillon de la grille et je suis à pied d'œuvre. Mes jambes se mettent en mouvement et aussitôt, ma tête se libère, elle aussi. J'ai actuellement un rapport très pragmatique à la montagne, alors que dans ma jeunesse, elle était pour moi un objet de désir. Il faut dire aussi qu'à l'époque, il m'était plus difficile de m'y rendre.
Aujourd'hui que je peux voyager où bon me semble, la montagne reste mon point de référence, même s'il ne m'est plus possible de gravir n'importe quelle cime. Bien sûr, il me faut tenir compte de mon âge, de la fatigue et de ma condition physique, mais tout là-haut, la lumière et l'air ne sont pas les mêmes que dans la vallée. La pensée s'élargit avec l'horizon, et les réflexions qui me viennent en avançant – et qui ne sont pas les mêmes à la montée et à la descente – sont toujours consctructives. À chaque pas, ma position dans la montagne se modifie en même temps que ma vision du monde, et le regard que je porte sur ma propre vie se transforme lui aussi !
Je préfère partir seul plutôt qu'en cordée et en suivant mon instinct plutôt que des itinéraires balisés. Je ne

tiens pas forcément à atteindre un sommet… La montagne n'est plus pour moi un antidote à la vie citadine. Ce que j'y cherche, c'est simplement le calme, le silence et l'équilibre. Et aussi la redécouverte de la lenteur.

Perspectives inhabituelles

« De beaux nuages blancs s'éloignent
Parmi le bleu profond comme des rêves silencieux;
Il me semble avoir quitté ce monde depuis longtemps,
Et parcourir, bienheureux, les sphères éternelles. »

Hermann Allmers

L'alpinisme ne se réduit pas à une ascension suivie d'une descente… Il permet de ressentir fortement le détachement d'avec le quotidien, car on doit être sans cesse sur le qui-vive et se concentrer uniquement sur ce qui est absolument indispensable. Attentif à la fois à ses propres mouvements et à l'environnement, on sent le macrocosme et le microcosme se confondre à l'intérieur de soi. Le renoncement à toute forme de confort, additionné à l'effort physique et à la nécessité d'une vigilance permanente, fait de l'alpinisme une source de satisfaction profonde, quelque chose d'essentiel.

Il ne s'agit pas tant de monter et de descendre que de s'abandonner. Non pas au monde extérieur, mais à nos propres états d'âme, à nos paradoxes, à nos contradictions. L'alpinisme est une forme d'introspection : il oblige à l'analyse de soi. Des questions comme « Est-ce que le temps va se maintenir ? Quel sera le degré de difficulté du prochain passage ? Est-ce que je serai redescendu à temps ? » deviennent secondaires. Au cœur de cette expérience se trouvent des états émotionnels comme la peur, le flux de l'énergie et la sérénité. Il importe aussi de conserver son équilibre psychique dans un monde souvent froid et menaçant, fait de hauts et de bas, de cimes et de vallées. Lorsqu'on cesse de regarder la montagne depuis le bas, comme une carte postale, tout devient différent. Le paysage apparaît sous un jour nouveau, l'espace et le temps se rencontrent et on devient plus fortement conscient de son propre corps.

À l'écoute de soi autant que de l'environnement, on se sent devenir une partie du tout. On vit le paysage de façon à la fois visuelle, acoustique et tactile. Depuis l'éminence sur laquelle on se trouve – cime altière ou simple colline –, le paysage s'ouvre, la vue s'étend au loin. Nous autres, les êtres humains, nous voulons avoir une vue d'ensemble, nous avons besoin de prendre la mesure des choses.

Infiniment plus grandes que nous, à tel point que le monde d'en bas nous apparaît en miniature, les montagnes ont sur nous un effet salvateur. Pour le ressentir, inutile de partir à l'assaut des cimes, de dépasser ses limites, de tenter des escalades extrêmes ou de s'exposer à d'effroyables dangers : il suffit de partir à pied, l'esprit curieux, sans chercher à aller au-delà de ses capacités. L'image de la montagne comme sanctuaire, comme refuge où se mettre à l'abri des méfaits de la civilisation, est une vision qui date de l'époque des Lumières. Au XVIIIe siècle, elle allait de pair avec l'idéalisation du monde alpin et de sa nature. Un peu plus tard, on en est venu à représenter les alpinistes comme des héros : une évolution regrettable.

Sur les traces de l'histoire de l'alpinisme

« La vérité ne s'aperçoit et ne s'engendre que dans la fermentation des idées contraires. »

Claude Adrien Helvétius

Indépendamment de l'expérience sportive et émotionnelle qu'elle me procure, chaque course classique en montagne me donne l'occasion de vivre un épisode de l'histoire de l'alpinisme. Je me transporte en esprit à l'époque de la première ascension du sommet que je gravis. Je m'interroge sur la mentalité des alpinistes d'alors, sur leur rapport à la montagne et sur les moyens limités dont ils disposaient.

Par intérêt pour eux et par esprit sportif, je m'efforce toujours de me contenter des moyens d'autrefois. C'est ainsi que j'ai appris à apprécier l'exploit de ces découvreurs et à comprendre le développement de l'histoire de l'alpinisme.

À chaque fois que je me trouve au pied du passage clé de la Torre Winkler, dans le massif du Catinaccio, je me demande comment s'y est pris le jeune Georg Winkler, âgé alors de dix-sept ans. Est-il monté le long de la fissure ou bien plus à droite sur la paroi ? La question ne prend tout son sens que lorsqu'on sait que Winkler

grimpait en chaussures à clous et en solitaire, et qu'il ne pouvait pas s'auto-assurer.
Ainsi, chaque sommet, chaque passage-clé intéressant, chaque voie d'ascension m'offre un éclairage sur l'histoire alpine, dont je ne manque pas de tenir compte en planifiant mes propres courses. Je trouve fascinant de marcher dans les traces de mes illustres prédécesseurs ; de revivre, à chaque ascension, l'aventure que fut la « première ». Je me réjouis aussi de pouvoir transmettre aux générations actuelles ce que j'ai compris du rapport qu'entretenaient ces pionniers avec la montagne. Le récit de l'alpinisme est aussi important pour moi que l'activité elle-même.
Aucune autre activité sportive – car la dimension sportive de l'aventure montagnarde est réelle – n'a donné lieu à une littérature aussi abondante que l'alpinisme. Sans parler de son influence sur les arts, la musique et la philosophie.
Notre manière de considérer la montagne, de nous y comporter, découle de ce récit, et c'est ainsi que chaque sommet, chaque massif (celui de l'Empereur, des Dolomites, du Caucase, de Yosemite…) a engendré une pratique particulière de l'alpinisme.
La transmission orale – sur le lieu exact où une cordée a été frappée par la foudre, sur la manière dont les

pionniers ont triomphé d'un passage-clé, sur l'identité de l'initiateur de telle ou telle nouvelle voie – rend généralement compte du passé avec une grande précision. Même si les événements se sont déroulés il y a plusieurs décennies.

Dans le monde entier, les jeunes alpinistes se basent sur les expériences de leurs prédécesseurs. C'est ainsi que s'est développée notre attitude actuelle envers la montagne, qui détermine en grande partie nos actes.

Dans le monde globalisé d'aujourd'hui, ce ne sont plus, comme autrefois, les meilleurs alpinistes d'une nation (les Britanniques d'abord, puis les Allemands, et plus tard les Français, les Polonais, les Slovènes, etc.) qui indiquent la direction de l'évolution. C'est la somme de différents récits et de diverses « veines narratives » qui définit de manière univoque ce qu'est le tourisme, le sport ou l'alpinisme.

Pourtant, il y a de la place pour tout le monde en montagne, si chacun agit en pleine conscience.

De l'interaction entre la production littéraire et les alpinistes locaux peuvent émerger des conclusions claires sur la manière de corriger ou d'adapter nos comportements.

Personne ne peut s'arroger le droit de définir ce qu'est le « véritable alpinisme ». Il est le fruit d'une longue évolution, d'expériences et de récits cumulés pendant deux cent cinquante ans. Une seule chose est claire : l'alpinisme traditionnel s'appuie sur son passé et se pratique dans des paysages archaïques selon des modalités anarchiques.

La liberté d'aller où bon me semble

« Le chemin se construit en marchant.
En marchant se construit le chemin,
Et en regardant en arrière
On voit la sente que jamais
On ne foulera à nouveau. » Antonio Machado

La question qu'on me pose le plus souvent est : « Pourquoi ? ». Oui, pourquoi choisit-on de gravir l'Everest ? Seul, sans apport d'oxygène et pendant la mousson ? Personne ne m'y a forcé, à part moi-même. À l'époque, j'étais obnubilé par le désir de me mesurer à la montagne. Non, je ne cherchais ni un combat, ni une victoire, et mon arrivée au sommet n'a pas été une illumination, ni même une conquête, au sens traditionnel du terme. Simplement, j'étais exactement là où je voulais être.

Gravir les plus hauts sommets du monde n'a rien de constructif – c'est possible, voilà tout. Pour le profane, l'entreprise est insensée… et inutilement dangereuse, si l'on considère une mort précoce comme un malheur. Dans une société où la productivité et le profit sont la mesure de toute chose, escalader des montagnes est une absurdité. Il ne pousse rien là-haut ; il n'y a pas de pétrole à extraire, et pas davantage d'or. Malgré cela, et même si je ne me sens pas du tout à l'aise à une telle altitude, je voulais monter au sommet. Peut-être parce que ce monde sauvage et menaçant m'offrait la possibilité d'exprimer pleinement mes capacités… Peut-être aussi parce que je sentais que frôler la limite entre la vie et la mort serait pour moi une expérience fondamentale. Non, ce que je vais chercher là-haut, ce n'est pas une mort prématurée, mais une vie plus riche. L'alpinisme comme « défi lancé à la mort », selon les mots du poète Gottfried Benn, ne peut être interprété – à tort – que comme une forme de marginalité par une société de marché qui juge tout, même l'art et la liberté, selon la loi de l'offre et de la demande.

Pour moi, la question ne se pose pas ainsi, car ma vie ne se divise pas en périodes de travail et de temps libre. Je ne cherche pas à « consommer » mes journées – ni des biens, quels qu'ils soient – mais à remplir au mieux mon existence. Jour après jour. Je ne crois pas à la prédestination : c'est moi qui décide du contenu de ma vie. Pourquoi essaye-t-on de repousser les limites de ses capacités ? Probablement pour les mêmes raisons qu'on recherche la performance. Par orgueil, par vanité… par envie aussi. Oui, l'envie de se dépasser. Quand les besoins essentiels de la vie sont satisfaits, il reste du temps et de l'énergie à consacrer au jeu. Nous avons du plaisir à déployer nos forces, nos idées, nos talents... Celui qui exige beaucoup de lui-même recueille, à terme, les récompenses que sont l'estime de soi, le désir de vivre et le sentiment de puissance.

Dans ce contexte, la notion d'« idéalisme » m'a toujours paru suspecte. Si l'on ne gravit pas la montagne avec enthousiasme, c'est qu'on s'est trompé de montagne.

Chacune de mes aventures est un combat contre l'utilitarisme. Pour moi, l'alpinisme est vraiment la « conquête de l'inutile » : je n'ai besoin d'aucune justification pour mes actes, seule compte l'importance que je leur accorde. Ceci dit, tout acte, utile ou inutile, obéit à la même règle : seul connaîtra la joie celui qui se lance à fond dans une entreprise, qui se donne à 100 %, pas à 99 %. Du reste, la réussite n'est pas plus utile que l'échec. Elle fait simplement naître en nous d'autres sentiments.

J'ai désormais derrière moi au moins les trois quarts de mon existence, mais je continue à me lancer des défis. Toutefois, je ne me pose plus la question du « pourquoi ». Je ne me lance dans un projet que lorsqu'une idée m'apporte l'élan nécessaire. Il faut qu'elle m'enflamme, qu'elle m'exalte, qu'elle m'aiguillonne. Je ne me préoccupe alors ni des pertes ni des profits... La curiosité est mon carburant. L'alpiniste n'est en concurrence

qu'avec une seule personne : lui-même. Il exige quelque chose de lui-même, une performance, et parfois un renoncement lorsque c'est nécessaire, comme le savait Viktor Frankl[1]. Lorsqu'on est en chemin, il convient de s'affranchir de toute volonté ou de toute contrainte imposée par autrui.
La force d'être libre dépend de l'intensité de nos rêves. Il arrive parfois que rêve et réalité se rejoignent. Une idée germe dans votre tête et quelque temps après, vous parvenez à la mettre en œuvre en montagne. Dans ces moments-là, on ressent l'unité de l'esprit et du corps avec le cosmos. J'ai rarement connu plus grande harmonie intérieure qu'après une « première » que j'avais pu réaliser exactement comme je l'avais prévu. La ligne d'escalade et la créativité qu'elle exigeait avaient eu sur moi un effet libérateur. J'ai eu souvent l'impression d'être un architecte ou un peintre. À aucun moment, je n'ai ressenti le besoin de justifier mes actes. La voie sur la paroi, que je n'ai gravie que dans ma tête, est à moi ; elle reste une expression de mon esprit.

1. Viktor Emil Frankl (1905-1997), psychiatre et alpiniste autrichien, fondateur de la « logothérapie », connu du grand public surtout pour son livre *Un psychiatre déporté témoigne* (éditions du Chalet, 1967), où il raconte son expérience en camp de concentration. (NdT)

Je cherche sans cesse à mettre en pratique de nouvelles idées, même au risque d'échouer. La motivation est là, mais sans la pression de la performance. Le courage d'être un peu égoïste est indispensable à ce mode de vie « libre », qui me permet d'être à la fois concepteur et acteur de mes entreprises.

Le fou n'est pas celui qui cherche à dépasser ses propres frontières intérieures, mais celui qui refuse de les voir et de reconnaître les limites de la nature humaine. Je ne m'attends pas à des applaudissements pour mon mode de vie, ni même à de l'approbation. Je m'attends à des critiques, au contraire. Mais je me réserve la liberté de partir où bon me semble.

3. CE QUI DOIT CHANGER

Sauvons les montagnes !

« Si tu souhaites rester jeune et en bonne santé,
fais preuve de modération, exerce ton corps,
respire de l'air pur et soigne tes maux par le jeûne
et non par des médicaments. » Hippocrate de Cos

J'ai écrit mon premier livre, *Zurück in die Berge*, à vingt-cinq ans. À l'époque, j'étais un jeune rebelle, mais je ne m'élevais ni contre l'État, ni contre le monde capitaliste. J'essayais plutôt de trouver, au-delà des classifications et des normes restrictives, une forme d'existence qui me permettrait de m'exprimer librement. Ma pensée alternative a orienté le choix de mon mode de vie, déterminé par mes besoins intérieurs, mais limité par le carcan des forces établies.

Je reste fidèle aux valeurs de ce livre, qui est souvent cité bien qu'il soit épuisé depuis longtemps. Même si l'alpinisme n'a pas évolué dans le sens que je souhaitais, je me sens responsable de son avenir. « La crise que nous connaissons est une crise de la satiété. Qui n'a jamais eu la sensation d'étouffer de bien-être ? » écrivais-je alors. Mais mon intention n'a jamais été de détruire ce qui me détruisait. Tout ce que je pouvais faire, c'était suivre ma propre voie. L'alpinisme m'a permis de m'engager dans un monde archaïque, avec un type de comportement anarchique.

Je ne m'intéresse guère à une réponse politique à la question morale du rapport entre ce que l'homme peut faire et ce qu'il est en droit de faire. Nous ne pourrons pas résoudre seuls, nous, les alpinistes, les problèmes de la surpopulation, de la surexploitation des ressources, de la forte accélération des processus d'innovation ou de la globalisation. Nous n'aurons pas non plus une influence significative sur le réchauffement climatique, sur la gestion de la biosphère ou sur la question du transit à travers les Alpes – d'autant plus épineuse que le développement économique de l'Europe s'appuie sur l'augmentation constante du trafic routier et qu'à l'axe nord-sud à travers les Alpes, va s'ajouter un corridor est-ouest.

L'homme n'est pas seul à dégrader la nature, car la destruction fait partie des phénomènes les plus naturels du monde. Comble de l'ironie : s'il prenait à l'homme la fantaisie d'anéantir la nature, il aurait bien du mal à y arriver. En effet, elle recèle un potentiel de renouvellement tellement inépuisable qu'elle nous survivrait ! Cela ne veut pas dire qu'il faille laisser s'installer le chaos et se déclencher l'apocalypse sans lever le petit doigt.
Loin de moi l'intention d'annoncer la fin de l'alpinisme ou d'édicter un code de conduite du « véritable alpinisme ». Mon but est de faire un état des lieux des montagnes d'aujourd'hui et que nous réfléchissions ensemble, par simple amour pour la nature et sans y mêler la politique, à la manière de devenir des alpinistes écoresponsables. Nous pouvons escalader la montagne sans sentiment de culpabilité par rapport à l'environnement : cela ne fait de nous ni des « consommateurs », ni des « exploiteurs » des Alpes. Mais si nous voulons sauver l'alpinisme, nous devons apprendre à limiter nos sorties dans la nature. Parce que nous sommes devenus vraiment très nombreux !
Même si la frénésie de conquête commence à se calmer en montagne, et si les ascensions titanesques ou la multiplication des télécabines deviennent de plus en

plus suspectes, le flux de touristes continue à grossir. Les bons sentiments ne suffiront pas à sauver le paysage naturel ni à éviter l'effondrement de l'agriculture de montagne. Je demande donc aux alpinistes d'endosser le rôle de pionniers, comme à l'époque de l'ouverture des Alpes au tourisme, mais dans le sens inverse, cette fois-ci. C'est à nous d'assumer la responsabilité de la protection de la montagne.

Personne ne souhaite un retour au passé. Mais il faut absolument reconsidérer notre frénésie de mobilité. La construction de routes et de remontées mécaniques supplémentaires est-elle vraiment nécessaire en montagne, quand on sait qu'elles sont la cause principale des dommages environnementaux en dehors des zones urbanisées ? Il ne s'agit pas seulement de la survie de nombreuses espèces animales et végétales, mais aussi de la sauvegarde de valeurs comme la grandeur, le silence, l'harmonie et le danger, sans lesquelles la montagne perdra à nos yeux tout intérêt.

Tout est dans la manière

« Commencez par faire le nécessaire, puis faites ce qu'il est possible de faire et vous vous surprendrez à réaliser l'impossible. » **Saint François d'Assise**

1. L'art de gravir les montagnes est basé sur la tension entre familiarité et étrangeté. L'alpiniste ne pénétrera donc qu'à petits pas dans le monde sauvage, et il veillera à le laisser inchangé après son passage.
2. Tout ce qui est réalisable n'est pas forcément souhaitable. En montagne, s'impose le principe de la responsabilité individuelle. La véritable aventure comporte toujours l'incertitude et le risque. La plus grande prudence est donc de mise et il faut être prêt à l'éventualité de l'échec.
3. Il va de soi qu'on ne laissera aucun déchet dans la nature et dans la montagne. Les déchets toxiques (médicaments, piles électriques) seront rapportés dans le pays d'origine. Pour l'alpiniste, éviter le gaspillage et économiser l'énergie vont de pair.
4. Respecter les populations locales consiste à observer leur mode de vie et non à essayer de les endoctriner ou à leur distribuer de la pacotille. Il ne faut pas confondre les voyages lointains avec le colonialisme ou la conquête.

5. Frustrés par les restrictions en vigueur dans les moyennes montagnes proches de leur domicile, certains se rendent dans des pays lointains pour pouvoir s'y comporter à leur guise en haute montagne. Ils font fausse route. Les mesures de fermeture au public de certaines zones doivent être explicitées, débattues puis respectées ou retirées, selon le cas. L'alpinisme et l'escalade ne seront pas frappés d'interdit si nous évitons de nous rendre dans les zones à la mode proches des agglomérations.
6. L'hélicoptère est l'aspect le plus visible de l'intervention de la technologie dans l'alpinisme. Mais il y a aussi les radios qui servent à signaler les accidents. Si quelqu'un a besoin d'être joignable à tout moment, même pendant son temps libre, par radio ou par téléphone, il est préférable qu'il reste à l'hôtel, dans sa voiture ou dans son bureau.
7. Plus nous exigerons d'éléments de confort (télécabines, pitons à expansion, refuges, assistance par hélicoptère), plus nous sacrifierons de territoires sauvages.
8. Les exploits des pionniers d'aujourd'hui ne peuvent avoir lieu qu'à l'écart des endroits à la mode, ou alors dans des missions de nettoyage – à condition qu'il s'agisse vraiment d'évacuer des détritus et pas d'un prétexte pour accéder au sommet (sur l'Everest, par exemple).

9. Avant de se demander si on va réaliser un projet, il faut réexaminer à chaque fois la manière dont on compte s'y prendre.

L'écotourisme

« En montagne, il ne s'agit pas de moralité,
mais de responsabilité.
Ce n'est pas parce qu'une ascension est réalisable
qu'elle est forcément souhaitable.
En fin de compte, il incombe à chacun(e)
de prendre ses responsabilités. »

Reinhold Messner

Tourisme et écologie sont-ils conciliables ? Avons-nous le droit de nous rendre en Himalaya ? Oui, mais à condition de nous y comporter de manière à ne causer aucun dégât. C'est ce qu'on appelle le « tourisme durable », ou l' « écotourisme ».
Je sais qu'il est bien tard pour une telle injonction. Trop tard, peut-être ? Le tourisme représente un apport financier essentiel pour les pays de l'Himalaya, où il est bien souvent la principale source de devises étrangères. Et nous sommes nombreux à voir dans l'Himalaya un lieu unique, exceptionnel, où il nous est possible d'éprouver notre humanité. Comment apprendre les lois de la nature s'il n'y a plus ni torrents fougueux, ni glaciers, ni étendues vierges, ni sommets inexplorés ?
« Ne volez pas à l'Himalaya ses derniers secrets ! » nous

enjoignait Oswald Oelz[1]. Sentiers balisés, refuges de montagne et remontées mécaniques n'y ont certes pas leur place. Mais surtout, il est absolument essentiel de rapporter tous nos déchets dans la vallée et de respecter les peuples et les cultures des pays qui nous accueillent. Il y a bien longtemps que les sherpas ne sont plus de simples porteurs. Pour ma part, je les ai toujours considérés comme des membres à part entière de mes expéditions; je respecte leurs mœurs et leurs croyances. Sur le Kanchenjunga, troisième plus haut sommet du monde, je me suis arrêté à quelques mètres de la cime afin de ne pas profaner ce qui était, pour eux, un lieu saint.

Voilà bientôt trente-cinq ans que, dans mes livres et mes conférences, je plaide pour un alpinisme *by fair means*: à la loyale et à taille humaine. Ce qui m'importe, lorsque j'insiste sur la simplicité des moyens d'escalade, c'est le souci de l'environnement. Le meilleur moyen de ne pas oublier sa bouteille d'oxygène sur la montagne, c'est encore de choisir de s'en passer.

L'Himalaya ne continuera à exercer sa fascination que s'il est préservé dans son entier, comme un parc

---

1. Oswad Oelz, médecin et alpiniste autrichien né en 1943, auteur d'ouvrages sur la médecine de montagne et sur l'alpinisme. (NdT)

national. Il ne s'agit pas de partir « à la conquête » de la montagne. Les cimes et les vallées qui nous ont fait rêver, nous y faisons de brèves incursions avant de les laisser dans l'état où nous les avons trouvées ; l'idéal étant qu'elles restent ce qu'elles sont pour nous depuis des milliers d'années : un espace sauvage et mystérieux, régi par les lois de la nature et capable de combler nos aspirations spirituelles. Rien ne s'efface aussi vite que des traces de pas sur un sommet. Le vent et la neige ne tardent pas à les recouvrir.

Il serait vain d'imposer des règles à l'alpinisme d'expédition. En revanche, il est de la responsabilité de chacun, de chacune, de se montrer aussi discret que possible dans ces étendues où la présence d'un tourisme organisé est injustifiable. Elles nous resteront ouvertes, tant que notre première préoccupation sera de ne laisser derrière nous aucune trace durable.

Il n'y a pas de « montagnes de rechange »

« Autrefois, l'homme escaladait la montagne, aujourd'hui, il la rapporte dans la vallée. » Emil Zopfi

La conscience bourgeoise se préoccupe de la déliquescence de la nature depuis le siècle des Lumières. Une vision idyllique de la nature, qui la présente comme un paradis perdu et en minimise les dangers, banalise le rapport entre l'homme et les éléments.

Certes, l'accélération de l'urbanisation, en ce début de millénaire, a secoué les consciences, mais personne – pas même les alpinistes – n'a été capable jusqu'à présent de proposer des solutions pragmatiques pour protéger l'environnement. Nous sommes face à une alternative : soit nous restons chez nous et nous introduisons la « nature » en ville (sous la forme par exemple de murs d'escalade) ; soit nous continuons à sortir dans la nature, mais en évitant tout nouvel aménagement dans les zones encore sauvages. Les ressources de la montagne ne sont pas disponibles pour tout un chacun : seule une minorité peut y avoir accès, sinon il n'y en aura bientôt plus pour personne.

La salle d'escalade, le mur en bois et les prises en résine sont les conséquences d'une évolution qui a éloigné l'escalade de son but premier et en a fait une activité sportive à part entière. Lorsque les foules des villes ont quitté leurs canyons de béton pour s'engouffrer en haute montagne, elles ont apporté avec elles leurs exigences de citadins.

Toutefois, l'aménagement systématique des régions montagnardes ne résoudra pas les problèmes des zones d'altitude de la planète. Le tourisme de masse est sans doute important pour l'économie alpine, mais il signifie la mort du paysage naturel. Si le moindre ravin est parcouru d'un sentier, la moindre colline équipée d'une télécabine et si sur chaque sommet se trouvent des individus avec des portables qui prennent le monde entier à témoin de l'exploit qu'ils viennent d'accomplir… alors je préfère rester dans la vallée. Car nos capacités cognitives augmentent lorsque nous limitons le recours à ces commodités.

Si l'espace, le calme et le temps se réduisent pour tous comme une peau de chagrin, plus personne ne pourra profiter de la haute montagne. Laisser le tourisme de masse dilapider ces précieuses ressources, à la faveur de l'allongement général du temps de loisirs, signifierait leur destruction totale. La seule solution est d'adopter une attitude minimaliste face au développement des zones sauvages. Nous n'avons pas de « nature de rechange » pour la haute montagne. Je sais que cette proposition paraîtra élitiste mais ceux qui partagent ma philosophie de l'existence (celle d'une stricte discipline physique et mentale) me suivront... à condition de supporter les responsabilités, la solitude et le danger qu'implique une telle démarche. Le chemin que nous, les alpinistes, avons cherché, marqué, choisi et parcouru à maintes reprises n'existe pas. Les chemins de l'expérience ne se construisent qu'en marchant.

Attention !

« Si vous avez construit vos châteaux dans les nuages, votre œuvre n'est pas perdue, car c'est là qu'ils doivent être. Installez-les maintenant sur des fondations. »

Henry David Thoreau

Nous avons tous peur lorsque nous ne nous sentons pas en sécurité. Moi aussi, comme tout le monde. La peur est tout à fait naturelle, et même indispensable. Sans elle, peu d'alpinistes seraient encore en vie. La peur nous fait comprendre la limite à ne pas dépasser, elle est une sorte de correctif qui nous dit : « Jusque-là, ça va, mais pas plus loin ! » Lors d'une course en montagne, elle est la meilleure assurance vie qui soit. Seule la confiance en soi a le pouvoir d'apaiser la peur, et finalement de la vaincre.

À égalité avec la sécurité, qui devrait être la priorité absolue de tout grimpeur, je place la beauté du mouvement – qui, pour être parfaite, exige une totale confiance en soi. L'élégance de l'escalade n'est pas une affaire de rapidité ; elle ne dépend pas non plus d'une posture particulière, de l'équipement ou de la tenue vestimentaire du grimpeur. Elle réside plutôt dans sa capacité à réfléchir à chaque geste et à l'anticiper, de

sorte que la séquence de mouvements accomplie lors de l'ascension ne soit pas perçue pas comme une tentative, mais comme une action précise, appliquée et décisive.
Je sais qu'il n'est pas facile de cultiver l'élégance lors d'une ascension, alors que pendant des dizaines d'années les critères essentiels étaient le résultat et le degré de difficulté. Et je sais aussi que l'élégance est un objectif très difficile à atteindre. Le grimpeur n'y parvient qu'au prix de longues années d'expérience, d'entraînement et de courses en adéquation avec ses capacités réelles.
Mais attention, attention et – je ne le dirai jamais assez – attention ! Attention à chaque pas, au ciel qui se couvre, à l'ami à nos côtés, au sac à dos, et avant tout, à nous-mêmes. L'alpiniste retrouve un sixième sens, qui doit toujours rester en alerte dans son subconscient. Je dis qu'il le « retrouve », car je suis convaincu qu'à l'origine, tous les êtres humains le possédaient.
Attention de tous les instants, à tout ce qui nous entoure, à la suite de l'itinéraire, à la prochaine prise, au prochain appui… Attention à l'endroit que nous choisissons pour une halte, et aussi pendant que nous prenons une photo ou que nous préparons le repas. Attention vers le haut comme vers le bas. D'ailleurs l'abîme qui s'ouvre en dessous de nous est difficile à ignorer !

Personne ne grimpe longtemps sans être attentif. Et personne n'est attentif longtemps sans une conscience aiguë des périls environnants. Les montagnes sont pleines de dangers, qu'il s'agit de percevoir à temps pour pouvoir les éviter. C'est là qu'intervient le fameux « sixième sens »…

Dans l'alpinisme, il ne suffit donc pas de marcher, de grimper et de regarder, il faut aussi (on l'aura compris) faire attention ! L'alpiniste évalue, surveille et vérifie sans cesse, car sa vie en dépend. Discernement, prudence et anticipation deviennent une seconde nature.

Il s'agit d'être attentif, simplement attentif, sans avoir peur, de façon à adapter nos actions aux circonstances dès que pointe le danger. L'attention se focalise sur ce qui menace notre existence, à l'exclusion de tout le reste, nous forçant à nous concentrer sur l'essentiel. C'est un processus inconscient, indépendant de notre volonté.

Il ne s'agit pas de rechercher activement le danger mais de le pressentir et de l'identifier, instinctivement. Nous ne savons pas à l'avance d'où il viendra. L'alpiniste a conscience de ne pas savoir ce qui l'attend – d'ailleurs, l'attrait de l'imprévu est l'une de ses principales motivations. Mais s'il ne veut pas en être la victime, il lui faut développer son attention comme un sens

supplémentaire : une vigilance qui ne consiste pas à voir partout une menace potentielle, mais à ne rien négliger et à éviter la distraction. C'est une forme d'attention flottante, qui ne se dirige pas vers un point particulier mais qui, au contraire, s'efforce de se porter partout, à tout moment, sur la montagne dans son ensemble.
L'alpiniste doit être vigilant, y compris pendant son sommeil. Cette vigilance, la même que celle des animaux sauvages, implique cette même présence au monde, très particulière. L'alpiniste, pour qui rien n'est dangereux, mais pour qui tout peut le devenir, cherche dans tout ce qui l'entoure une utilité en cas de nécessité. C'est ce qui le différencie du sportif de compétition. Le marathonien, par exemple, court droit devant lui comme s'il avait des œillères, attentif seulement au but à atteindre, tandis que l'alpiniste prend garde à tout, à 360 degrés : à ne pas glisser, à ne pas tomber, à ne pas chuter dans une crevasse, à ne pas être heurté par une pierre – tout en poursuivant son objectif.

Jamais assez

« Vous n'aurez donc jamais assez
De magasins de meubles parmi les scabieuses ?
Jamais assez de remontées mécaniques sans neige
Et de routes pour vous apporter du pain et des jeux ? »

Margarete Hannsmann

L'escalade comme discipline de l'alpinisme comporte aujourd'hui plusieurs subdivisions : le bloc, l'escalade en salle, l'escalade sportive, libre, en solo, alpine ou sur glace. Aucune des branches de l'alpinisme ne s'est transformée de manière aussi révolutionnaire que l'escalade extrême. En plein air, on s'imagine disposer d'un espace illimité. Mais partout où l'équilibre de la nature se trouve perturbé, les sites d'escalade ferment : c'en est terminé de l'illusion de l'infini. L'« overdose » finit par mettre un terme aux activités humaines dans l'écosystème de la roche. Là où l'on ne respecte pas de zones interdites sonnera tôt ou tard le glas de l'escalade.
L'offre de rochers propices à l'escalade est vaste, mais elle sera tout de même insuffisante si les intéressés ne limitent pas les moyens qu'ils utilisent. La frénésie de l'ouverture de voies, conjuguée à l'obsession de la sécurité, a transformé une poignée de grimpeurs en une

armée de sportifs amateurs qui détruisent ce qui fait la valeur de la roche naturelle, pour se lancer ensuite, en rangs serrés, à la recherche de ce qui n'existe plus : la tranquillité, la découverte, l'hésitation entre poursuivre sa route ou rentrer chez soi.

« Le droit à la liberté – qui inclut la liberté de mouvement et donc le droit de se déplacer dans le paysage naturel – est un droit fondamental », affirme à raison l'écrivain et alpiniste allemand Nicholas Mailänder. « Cette liberté pourra toutefois être limitée par une autre loi, dans le cas où les activités humaines représenteraient une charge excessive pour la collectivité. Une charge comme, par exemple, les dégâts que nous infligeons à la nature par l'exercice de notre liberté, en montagne et sur la roche. »

Faire de l'escalade en pleine nature a toujours été un luxe, qui n'a jamais été – et ne sera jamais – conquis sans danger et sans efforts. On ne pourra le préserver qu'à la condition expresse qu'il ne soit pas accessible à tous.

L'alpinisme et l'industrie touristique poursuivent des intérêts opposés. Là où s'arrête le monde du tourisme, commence celui des alpinistes. Si nous sacrifions tous les paysages naturels aux intérêts du tourisme, il ne restera plus de place pour les alpinistes. Mais si nous n'intégrons pas le tourisme dans le paysage alpin, le paysage culturel sera détruit. C'est la quadrature du cercle!

Le problème est à la fois humain et écologique. L'utilisation de la montagne par des foules de millions de consommateurs doit cesser là où l'homme n'a jamais vécu et ne pourra jamais vivre durablement: en haute altitude, où ne pousse aucune céréale et où ne se trouve aucune matière première. Ce qui fait la valeur de ces zones – l'espace, la tranquillité, la nature primitive – ne sera préservé que si elles ne restent accessibles qu'à quelques-uns: ceux qui sont prêts à s'exposer au danger et à fournir les efforts nécessaires pour pénétrer là où l'homme n'a pas sa place.

À chaque fois qu'on ne voit plus dans le paysage de montagne qu'une ressource touristique, on l'exploite, on le vend, on y construit à tort et à travers, et pour finir on le détruit.

Si nous laissons faire, le monde alpin se transformera en un immense parc d'attractions, avec des parkings bondés, des embouteillages monstrueux, du bruit, de l'agitation et de l'agressivité, et partout une frénésie d'activité: dans le ciel, sur les parois d'escalade et jusqu'au fond des ravins. En altitude, la pollution atmosphérique et sonore est souvent plus perceptible

que dans les zones urbaines, d'où proviennent pourtant la plupart des gens venus en masse chercher la tranquillité et le repos. La montagne, jadis inaccessible, deviendra rapidement tout le contraire d'un obstacle.
Ce n'est pas une poignée d'écologistes qui sauveront la montagne, mais tous ceux qui, par humilité, résistent à la consommation – se contentant d'une simple couchette au refuge et déjeunant de pain et de fromage acheté à un paysan – et qui, surtout, se déplacent à pied. Les « écolo-chics » qui se rendent dans les Alpes avec des VTT sur le toit de leur voiture, arrivent sur les cimes en télécabine, se font transporter en hélicoptère au camp de base de l'Everest et le soir au casino de Katmandou, ceux-là ne résolvent aucun problème : ils en créent, bien au contraire. C'est à nous, et à nous seulement, de trouver le juste équilibre entre le maintien d'une agriculture de montagne et la sauvegarde d'un paysage millénaire.
Pour préserver l'activité des paysans en montagne, inutile de multiplier les domaines skiables sur glacier, les lacs artificiels et les alpages de carte postale ; ni les salles d'escalade, qui ont plutôt leur place dans les environs des villes – du moins tant que nous pourrons nous le permettre et que les ressources énergétiques seront suffisantes. Les « touristes » dont on a besoin en montagne sont ceux qui évoluent entre le fond de la vallée et les

alpages et qui consomment et payent ce que produisent les paysans, pour leur permettre de continuer à vivre là où vit leur famille depuis des générations.
Les paysans bio qui réussissent dans leur niche de marché et les communautés villageoises qui s'accrochent à leur territoire d'altitude, en parvenant à faire coexister tourisme et agriculture, sont les véritables héros des montagnes. Mais organiser des « fêtes de la polenta » ou des « journées du *knödel* », dans le seul but de figurer dans *Le Livre Guinness des records*, est aussi ridicule que d'enchaîner quatre ascensions du Cervin dans la même journée ou de cumuler quinze mille mètres de dénivelé en quinze heures d'allers-retours au sommet du Hundskogel.
Et si de jeunes grimpeurs redonnaient vie à des fermes, dans le Trentin, le sud des Dolomites, ou dans les Alpes ligures ou françaises ? Ils pourraient s'y établir, travailler et faire de l'escalade presque toute l'année, tout en contribuant à la sauvegarde des Alpes ! Je n'ai rien contre les murs d'escalade artificiels, dans des salles sèches et propres, à température constante et ouvertes 365 jours par an, mais ce n'est pas ainsi qu'on résoudra les problèmes des Alpes !
Décélération, intensité, présence et vision à long terme sont les points forts du parcours qui permettra un

« retour à la montagne » durable. Tout le contraire de l'hyperactivité, de l'accélération, de la pression et du stress. Mais qui, de nos jours, passe encore trois semaines de vacances dans une vallée de montagne reculée ? Les gens fuient ce qui prend du temps et la plupart d'entre eux reculent devant l'effort. Tout ce qui les intéresse, c'est d'enchaîner les émotions fortes.

Aujourd'hui, je me sens davantage paysan de montagne qu'alpiniste. Avec d'autres personnes, je m'occupe de petites exploitations agricoles qui avaient du mal à survivre, comme beaucoup. Pour réduire les coûts et les dépenses d'énergie, j'ai réhabilité d'anciennes structures historiques.

Le château de Juval était à moitié en ruine quand je l'ai restauré et rendu accessible à tous comme espace culturel. Juval n'est pas un complexe de loisirs comme les autres : c'est une idée qui a consisté à transformer une colline escarpée du Haut-Adige en un projet durable et économiquement viable, à l'aide de moyens socialement et écologiquement responsables. À Solda, toujours dans le Haut-Adige, la « Ferme des yaks » fait vivre toute une famille. Pour moi, l'écologie n'est pas la formule magique qui empêchera le déclin du monde.

L'écologie, ce sont des remises en question, des changements de perspective, des restructurations et des réagencements. Pour réfléchir, je vais dans les montagnes autour de chez moi. C'est en montagne que je prends les décisions importantes de ma vie. J'ai toujours évité les zones trop fréquentées, et je les évite plus que jamais. À l'avenir, je continuerai à ne pas m'embarrasser du superflu et je n'irai que là où n'existe aucun interdit. L'esprit pragmatique, je m'engage pour un changement profond. Il me reste de nombreux projets à réaliser.

Ma charte de la montagne

« La vision du monde la plus dangereuse,
c'est celle de ceux qui n'ont jamais regardé le monde. »
Alexander von Humboldt

Il existe en Europe de nombreuses zones dites « montagneuses », c'est-à-dire de plus de cinq cents mètres d'altitude : les Alpes, les Pyrénées, la Sierra Nevada et les Carpates ; les moyennes montagnes britanniques, françaises, italiennes, belges, allemandes, suisses, autrichiennes, tchèques, slovaques, espagnoles et portugaises ; les montagnes de Scandinavie, des Balkans (les Alpes dinariques), de Grèce et de Bulgarie. Outre leur climat, leur variété géographique et leur importance touristique, toutes ces régions de montagne ont également des structures économiques semblables qui font d'elles un élément transversal au sein de l'Union européenne.
Leur importance pour l'UE, dans ses dimensions actuelles ou élargies, réside dans leurs problèmes communs, mais aussi dans leurs atouts : ce sont des réserves d'eau et d'énergie hydraulique, des écosystèmes à la riche biodiversité, des zones propices au repos et à la détente, des espaces de silence et de rêve ; elles

possèdent une identité culturelle riche et variée et de précieuses ressources agricoles (races de bétail et variétés de plantes cultivées traditionnelles).

Les zones montagneuses occupent un tiers de la surface totale de l'UE. Les défis qu'elles présentent sur le plan local et les solutions envisageables sont à peu près les mêmes partout. Seule une politique supranationale, attentive à la fois à la durabilité écologique et à la préservation des emplois, pourra défendre ces atouts qui assurent à la population locale une source de revenus et offrent aux citadins un espace de détente. Le but étant, comme toujours, que les zones de montagne restent des espaces de vie.

Par ma « charte des montagnes », j'espère inciter à la création d'un cadre permettant à toutes les régions d'altitude d'exprimer leur véritable identité.

1. Les régions de montagne se définissent partout comme la somme d'un paysage culturel de dimensions réduites – façonné et cultivé par la main de l'homme depuis des millénaires – et du paysage vaste et sublime de la haute montagne. Cette somme est une entité unique et indivisible.

2. Dans les régions de montagne, un paysage culturel préservé profite à tous, car il protège les eaux et les terres, offre des espaces de détente et permet la

production d'aliments sains et de haute valeur nutritive. En outre, les montagnes sont le poumon vert de toutes les zones urbaines environnantes.
3. Les interventions nécessaires et indispensables à l'entretien du paysage culturel nécessitent la présence d'une population locale autonome et responsable, qu'on laissera seule organiser son espace vital de manière responsable. Elle ne se maintiendra en montagne que si elle y trouve son compte sur le plan économique.
4. En revanche, les régions de haute altitude – c'est-à-dire les zones au-delà de la limite de la forêt –, exploitées seulement depuis l'apparition du tourisme, ont pour atouts l'immensité, les territoires vierges, le silence et la magnificence. Et aussi le danger, qui y a sa place et qu'aucun effort de rationalisation ne saurait éliminer, ni même minimiser.
5. Ces paysages naturels, jadis considérés comme un ensemble de terres incultes et inutiles, doivent être protégés. Et pas seulement parce qu'ils sont désormais de plus en plus rares dans le monde. La haute montagne est un espace de liberté et elle doit le rester. La poursuite de son exploitation et la construction de nouvelles infrastructures mèneraient inéluctablement à sa perte. Il est donc impératif de mettre un terme immédiat à l'exploitation de nouvelles zones d'altitude. Les infrastructures

existantes seront cependant conservées, en raison des nombreux emplois qui généralement en dépendent.

6. On évitera la mise en place de nouvelles infrastructures (routes, remontées mécaniques en tout genre…) ou l'utilisation d'autres techniques modernes risquant de favoriser une pénétration plus avant dans la montagne. Ceux qui vont en haute montagne sous leur propre responsabilité et sans laisser derrière eux de traces permanentes apprendront bien vite à respecter la nature originelle et à sauvegarder ses espaces pour les générations futures. La protection de la nature devient ici le prérequis d'une exploitation durable, puisque le milieu inhospitalier de la haute montagne tient, de lui-même, l'homme à l'écart.

7. Pour garantir la viabilité de l'étage de montagne situé en dessous de la limite de la forêt, à la fois zone d'habitat permanent et espace de détente et de découverte de la nature, on veillera à la décentralisation du territoire et à son exploitation diffuse et durable. La mise en place d'itinéraires de transit raisonnés permettra de préserver la qualité de vie de la population montagnarde et de réduire au minimum les nuisances sonores et l'impact environnemental.

8. L'imbrication du mode de vie local, d'un paysage culturel bien entretenu et d'un paysage naturel sans

infrastructures est pour moi la clé de la protection des zones de montagne. D'ailleurs, c'est seulement ainsi que ces espaces pourront être utilisés à des fins touristiques, sur le long terme. La conjugaison de l'agriculture de montagne et du tourisme est la condition du développement durable en montagne. Il faudra renforcer les solidarités de voisinage sur le plan local et, à plus grande échelle, favoriser la collaboration entre les différents territoires de montagne, tout en exigeant la plus grande autonomie possible pour ces zones.

9. L'entité constituée par un patrimoine culturel régional, un paysage culturel intact et le paysage de haute montagne unique et caractéristique qui les surplombe est seule à pouvoir garantir aux populations locales la permanence et le sens de leur identité dans l'environnement qui est le leur.

10. Les régions de montagne ont besoin des zones urbanisées, et réciproquement. Les premières devront, avec l'aide des secondes, veiller au maintien d'un équilibre qui protège le bas pays des catastrophes tout en assurant des revenus aux habitants des montagnes. L'équilibre de l'habitat montagnard et de son tissu économique exige une politique qui prenne véritablement en compte les zones périphériques, au lieu de les négliger. Il serait regrettable que les zones de montagne continuent à se

dépeupler, avec pour conséquence l'augmentation massive de la population urbaine. Il s'agit donc de prendre les mesures nécessaires pour éviter une évolution de ce type.

En dehors de l'Europe, la plupart des zones de montagne sont éloignées des centres urbains. Elles connaissent donc des problèmes différents, déterminés par leur situation géographique et par les conditions socio-économiques des populations locales. On évitera de calquer sur le modèle européen les solutions envisagées pour un développement durable. Il convient d'élaborer pour chaque territoire de montagne une stratégie adaptée, orientée à la fois vers son utilisation et sa protection.

Entretien

« GRAVIR LES MONTAGNES, MÊME SI C'EST ABSURDE. »

« N'abandonne ni tes illusions, ni tes rêves.
Lorsqu'ils auront disparu, tu continueras d'exister,
mais tu auras cessé de vivre. » Mark Twain

Vous n'utilisez pas d'application mobile dédiée à l'escalade ?
Certainement pas ! Pour moi, c'est le début de la fin de l'alpinisme traditionnel. Déjà qu'on organise des ascensions de masse sur l'Everest ! Pour ces gens-là, l'important n'est pas tant de gravir la montagne la plus haute du monde que de le faire savoir. Ils sortent leur smartphone sur la cime, et de là-haut, ils appellent leurs amis ou leur envoient des selfies. On voit de tout, aujourd'hui. Ils montent par centaines, en file indienne, sur une montagne aménagée pour eux depuis le bas jusqu'au sommet, et une fois arrivés, ils se font photographier en faisant semblant d'être là-haut tout seuls. Il y en a qui escaladent la montagne avec de la musique dans les oreilles et les yeux rivés sur l'écran de leur smartphone pour y découvrir les photos postées par d'autres grimpeurs.
L'humanité finira par étouffer sous la surabondance d'informations, souvent sans intérêt.
Pour ma part, j'ai un principe qui tient en quatre lettres : ABCD.

Comment cela, ABCD ?

Cela ne vaut que pour moi. A pour « *no Artificial oxygen* », donc non aux bouteilles d'oxygène ; B pour « *no Bolts* », donc pas de pitons à expansion ; C pour « *no Communication* », et D pour « *no Drugs* ». Ce sont là mes règles pour l'alpinisme.

Lorsque vous allez vous promener pour le plaisir, emportez-vous un téléphone portable ?

Non, et encore moins quand je pars en expédition. L'aventure consiste justement à prendre ses distances avec la civilisation, dans un territoire vierge de toute infrastructure. Où est l'aventure, si on n'est pas obligé de se débrouiller seul ? Les smartphones, les applis et les caméras GoPro sont un aspect de l'« événementisation » galopante de la nature et du monde de la montagne. Il n'est pas rare désormais d'assister à des échauffourées entre promeneurs et vététistes – certains n'hésitant pas à en venir aux mains. Le nombre des cyclistes a récemment augmenté de façon spectaculaire en montagne. Je vois des gens transporter leur vélo sur des sentiers impraticables pour les deux-roues. C'est de la folie ! À l'avenir, il faudra une signalisation claire pour distinguer les sentiers de marche des pistes de VTT. Mais il y a encore plus insensé : j'ai vu deux personnes vêtues de *wingsuit* s'élancer depuis un sommet de quatre mille mètres pour voler jusqu'à un avion et s'y introduire par la porte latérale ouverte. C'est de l'acrobatie aérienne, pas de l'alpinisme.

Vous avez été alpiniste, vous avez parcouru des déserts de glace et de sable, but still you have to roll up that stone, *mais vous voulez toujours pousser votre rocher… Est-ce cela votre mantra, dans l'existence ?*
Oui. La vie est absurde, dans la perspective de la mort. Dans ce contexte, tout ce que nous faisons avec enthousiasme est un acte heureux.

« Il faut imaginer Sisyphe heureux », disait le philosophe Albert Camus. Êtes-vous heureux, dans le sens où l'entendait Camus ?
J'aime beaucoup cette phrase. Et pas seulement en référence à l'alpinisme, mais dans la vie en général. Au fond, Sisyphe avait un but dans l'existence ! Comme existentialiste, Camus appréciait l'absurde. On ne peut pas vivre intensément sa vie sans reconnaître son absurdité face à la mort.

Et aujourd'hui, est-ce que quelque chose vous manque ?
Non, je me sens comblé. Je me contente avec bonheur de ce qu'il m'est encore possible de faire : écrire des livres, faire des films et des ascensions faciles.

Mais la « sensation de renaître », cette euphorie des cimes, n'est-elle pas addictive ?
Non. Il n'y a que dans la publicité qu'on devient « accro à la montagne ». En tout cas, personne ne se retrouve dépendant de manière pathologique. Dans des situations extrêmes, en escalade, l'organisme libère des substances opiacées, mais elles n'ont rien à voir avec les opiacés synthétiques, qui eux, provoquent effectivement une dépendance. Lorsque j'ai cessé de pratiquer l'alpinisme extrême, je me suis réinventé, et j'ai réinventé ma vie, à plusieurs reprises. J'ai « changé de train » six fois, en quelque sorte, et toujours au bon moment, jusqu'à présent.

C'est si facile, pour vous, de changer de vie ?
Oui. En gravissant mes derniers huit mille, je pensais déjà à la manière dont j'allais ensuite occuper mon temps. S'en sont ensuivies dix années d'aventures extrêmes, vers les pôles et à travers les déserts. J'ai vécu des expériences comparables à celles de l'alpinisme, et pourtant différentes, très différentes même. Il m'a fallu davantage d'endurance, par exemple en Antarctique. Mais une journée de marche au Groenland est moins éprouvante que la dernière journée d'ascension d'un sommet de huit mille mètres. Il y a trente ans, j'ai

commencé à réfléchir à mes « musées Messner de la montagne », au nombre de six à présent. Sur le plan purement économique, ça a été mon projet le plus difficile : il m'a coûté plus cher que l'ensemble de mes expéditions. Mais ça a bien marché. À présent, c'est ma fille qui en assure la gestion, et moi, j'ai fondé une nouvelle entreprise, dans le but de produire et de réaliser des films. J'aime faire des efforts et obtenir des résultats. Je passe ma vie à mettre en œuvre des idées, ici et maintenant, et à concevoir des projets pour l'avenir. Pour moi, c'est toujours une joie. Le bonheur, ça ne se commande pas, on le trouve quand on ne le cherche plus, lorsqu'on s'engage pleinement dans l'action, avec tout son enthousiasme. Pendant l'action, on ne pense à rien d'autre. Ce n'est qu'après qu'on se rend compte qu'on a été heureux. En tout cas, pour moi, ça se passe comme ça.

De 1999 à 2004, vous avez été député au Parlement européen, à Bruxelles et à Strasbourg. Actuellement, l'Union européenne est en crise : les partis eurosceptiques ont le vent en poupe. Pensez-vous que nous sommes devant une crise de la démocratie ?
La démocratie des partis semble à bout de souffle : elle ne fonctionne plus. Au niveau de l'UE, on manque

de dirigeants compétents, capables de développer pour l'Europe une vision d'avenir à laquelle tous les Européens pourraient s'identifier. Il devient de plus en plus difficile, apparemment, de tenir tête à ceux qui veulent la disparition de l'UE. Nous avons besoin d'hommes et de femmes politiques qui sauront parler aux Européens de leur avenir. Mais les populistes gagnent du terrain, en partie grâce à Internet. Ce qui manque, c'est une vision globale, mais la démocratie des partis, telle que nous l'avons connue, est en train de se désagréger : la démocratie directe dépossède la démocratie représentative de ses responsabilités et de son pouvoir.

Aujourd'hui, les gens essaient de se mettre à l'épreuve dans des parcours d'accrobranche ou en sautant à l'élastique. Éprouvez-vous le même besoin ?
Non, d'ailleurs ces deux activités n'ont rien à voir avec une mise à l'épreuve : il s'agit de ressentir des émotions fortes sans courir le moindre danger. Un jeu d'enfant, en quelque sorte. Mais c'est très bien comme ça. Est-ce qu'on attend de ces citadins qu'ils se lancent à l'assaut d'une paroi verticale de mille mètres ? Ce serait beaucoup trop dangereux ! Mais l'aventure, la vraie, n'est possible qu'en l'absence d'infrastructures. Donc, pas

d'élastique, pas de parcours d'accrobranche, rien du tout. Lorsque l'homme pénètre librement dans le lieu de tous les dangers, il se retrouve en Absurdistan, qui est un univers archaïque. Nous, les alpinistes traditionnels, nous nous aventurons dans le monde sauvage en toute connaissance de cause – un espace dangereux, difficile, primitif, où nous vivons pendant un bref laps de temps selon un mode anarchique. C'est un monde sans juges, où les lois humaines n'ont aucun sens.

Comment cela, un mode anarchique?
On parle d'anarchie quand personne ne détient aucun pouvoir. Dans un groupe d'alpinistes, personne n'exerce le pouvoir.

Mais dans le groupe, il y a toujours quelqu'un qui finit par émerger, non? Quelqu'un qui, peut-être en raison de sa compétence supérieure, indique la voie à suivre?
Bien sûr, même dans un petit groupe de cinq alpinistes, l'un de nous a forcément un ascendant sur les autres. Cela se passe de manière instinctive. La plupart du temps, c'est le plus habile, le plus fort sur le plan physique et psychologique, qui prend la tête. Les autres le laissent faire: de leur confiance, il retire force et énergie. Pour permettre la survie de tous.

Qu'est-ce qui vous pousse à continuer ?
Nous autres alpinistes, ou plutôt « explorateurs des limites », car c'est ainsi que je préfère me décrire, nous présentons un tableau clinique très particulier. Celui d'un romantique qui ne jouit de son bonheur que pendant un trop court moment. Sans cesse, il lui faut remonter vers la source de sa joie – une joie qu'il ressent seulement après coup, d'ailleurs. Si nous gravissons les montagnes, c'est pour le sentiment d'euphorie qui nous envahit à notre retour parmi les hommes. Donc, après avoir passé quelque temps dans un monde hostile, où l'oxygène manque, où le froid est intense, où nous sommes exposés à la peur – peur de se perdre, de ne pas revenir –, le moment du retour est comme une renaissance.

Vous en avez toujours besoin, de cette sensation d'être à la merci des éléments ?
Pour éprouver l'euphorie du retour, il faut d'abord que je me sois senti perdu et exposé au danger. Bien sûr, toute personne intelligente dirait : « Mais puisque le bonheur est en bas, restez-y ! » Mais moi, ce qui me plaît, c'est d'explorer la limite entre le possible et l'impossible. Faire un pas de plus me serait peut-être fatal ; mais si je faisais un pas de moins, je ne me serais

pas donné à fond. C'est au bout de mes limites que je rencontre le désespoir, parfois aussi la détresse et la peur – une peur qui ne survient que dans les situations extrêmes. Le retour est donc toujours un moment très fort. Il n'est pas indispensable d'avoir atteint le sommet, d'ailleurs. Au fond, le sommet, c'est seulement l'endroit où on fait demi-tour. Ce qui compte, c'est d'avoir survécu dans ce monde de tous les dangers et d'en revenir sain et sauf. Chaque expérience est enrichissante. Mais si dans le monde sauvage, je bénéficie des mêmes filets de sécurité qu'entre mes quatre murs, à quoi bon y aller ?

Tant qu'un but n'est pas atteint, il a une grande valeur, mais une fois atteint, il en a beaucoup moins. Il en est ainsi de toutes nos conquêtes, me semble-t-il. Qu'il s'agisse d'un sommet, d'argent, de possessions ou de connaissances, tout perd de son intérêt dès que nous sommes arrivés à nos fins. Un objectif ne reste stimulant que le temps que nous passons à l'atteindre.

Il faut aussi du courage.

Les êtres humains sont peureux par nature. Et tant mieux, car sinon notre espèce n'aurait pas survécu. Le courage est l'envers nécessaire de la peur. Nous avons tous peur, c'est pour cela qu'il nous faut aussi du

courage. Tout l'art consiste à maintenir tant bien que mal l'équilibre entre l'une et l'autre.
Mais la peur, je l'anticipe : par l'entraînement, par l'acquisition de connaissances, par l'étude de mes précurseurs et par une préparation rigoureuse. C'est mon seul secret pour la vaincre ! Au terme de ce processus, une fois que je suis sûr de maîtriser la situation, il ne me manque plus qu'un déclic pour me décider à partir.
Les dernières peurs disparaissent dans l'action. En fait, le pire, c'est souvent la peur de la peur. Il suffit que je me lance, que je me mette en route, pour que les peurs se dissipent. Mais si j'attends trop longtemps, si je tergiverse, elles grandissent.

Lors de vos aventures, vous vous êtes souvent retrouvé en danger de mort. Vous n'avez pas eu peur dans ces moments-là ?
Les peurs « petites bourgeoises » me sont étrangères. Mais avant mes grandes aventures, j'ai vraiment connu la peur. Ceci dit, ceux qui prétendent que je me suis exposé aveuglément au danger se trompent du tout au tout. Je suis prudent : j'aurais pu y laisser la vie, mais j'ai réussi à l'éviter. C'est ce que je sais faire… Ceux qui se croient immortels ne survivent pas longtemps, en montagne.

Et la peur dans les situations extrêmes ?

Pendant la période d'inactivité qui précède l'action, la peur est très forte. Elle survient surtout la nuit, après la première phase de sommeil. En général, ça commence quand j'en suis à un mois, ou peut-être à deux ou trois semaines du départ. Elle est parfois si intense qu'elle me ferait renoncer. Pourtant je sais que chez moi, au fond de mon lit, je n'ai rien à craindre. Je ne cours aucun danger, je n'ai pas froid, il ne peut rien m'arriver. C'est ce qui me fait comprendre que cette peur, ce n'est pas la peur des avalanches, ni celle du froid ou de la mort : c'est la peur de la peur, tout simplement.

Ce qui veut dire, concrètement ?

Concrètement, j'ai peur de la mort. Bien sûr, je sais que je peux mourir – si je me perds, si je chute ou si je suis emporté par une avalanche. Je peux faire reculer cette peur en m'entraînant davantage et en me raisonnant. J'essaie de me persuader que je n'ai aucune raison d'avoir peur, pour le moment. Après le départ, une fois arrivé au pied de la paroi, elle me paraît parfois si haute et si difficile qu'il m'arrive encore d'être saisi d'une bouffée d'angoisse. Mais ça ne dure pas. Dans l'action, on n'a pas peur. Sauf s'il se passe un événement inattendu. Dans ce cas, après une seconde de panique, on réagit de façon instinctive, comme un animal. La peur apparaît surtout pendant la phase préparatoire. La plupart des gens s'imaginent qu'on grimpe la peur au ventre, c'est faux. S'il en était ainsi, nous serions paralysés devant la montagne, comme une souris devant un serpent.

L'instinct est-il un bon compagnon, pour l'alpiniste ?
Il y a trois choses essentielles : l'instinct, le sentiment et la raison. Je suis convaincu que le sentiment prend le pas sur la raison. Mais je ne peux parler que de mon cas personnel. Je ne veux pas généraliser.

Qu'est-ce que l'instinct, pour vous ?
Quand on est sur la paroi, l'instinct l'emporte sur l'intellect. J'ai gravi mon premier sommet à l'âge de cinq ans. Quand j'étais petit, nous passions l'été dans les alpages, dans un chalet sans eau courante, ni électricité, ni téléphone. Nous, les enfants, nous allions chercher l'eau à la source, à dix minutes de marche. Le lait, nous le prenions chez un fermier voisin. Nous allions à la cueillette des baies et des champignons. Nous ramassions du bois en forêt, pour faire la cuisine et alimenter le poêle. Et aussi souvent que possible, nous partions à l'aventure pour observer les animaux – les chamois ou

les aigles. Nous nous observions mutuellement, entre frères, et nous nous lancions des défis. Nous faisions tous de l'escalade. C'est ainsi que petit à petit, nous nous sommes familiarisés avec le monde de la montagne et que nous avons amplifié certains instincts. Rien qu'en regardant une paroi de loin, nous étions capables de dire à quels endroits la roche était friable.

Est-ce que l'instinct se nourrit de l'expérience ?
Évidemment ! Et aujourd'hui, je comprends mieux le lien entre l'un et l'autre. Évaluer la montagne d'un regard, et pouvoir dire : « D'ici une demi-heure, je serai au sommet », ça n'a pas grand-chose à voir avec la raison ! J'ai perdu de cet instinct, car il y a trop longtemps que je ne suis pas allé là-haut. Le tracé d'une voie, cela s'élabore en fonction d'éléments concrets. Pour estimer la difficulté d'un parcours par rapport à un autre, on prend en compte différents critères comme la qualité de l'air, de la lumière, le degré de déclivité de la pente… Fonctionner à l'instinct, cela signifie se fier à son intuition au moment de prendre une décision. L'intellect ne sert alors qu'à corriger le tir si nécessaire.

Vous avez la réputation d'apporter beaucoup de soin à la programmation et à la préparation…

À la veille de mes voyages, toutes les interrogations doivent avoir une réponse. Néanmoins, il peut arriver qu'une tempête, avec des bourrasques à 150 kilomètres à l'heure, se lève soudainement et arrache la tente. Il y a souvent des imprévus.

C'est une situation que vous avez vécue ?
Oui, sur le Kanchenjunga. À cinq heures du matin, une tempête a déchiré la tente et emporté nos affaires dans les airs. Un alpiniste qui perd ses chaussures n'a aucune chance de redescendre de la montagne.

Vous les avez sauvées à temps, vos chaussures ?
Oui, sinon je ne serais pas là pour en parler.

Est-ce que le danger de mort fait partie intégrante de l'aventure, pour vous ?
Oui, une aventure digne de ce nom est difficile et dangereuse. Et on doit s'exposer au risque sans tricher, c'est-à-dire sans bénéficier d'aucun dispositif de sécurisation.

Cela exige donc une préparation à 100 % ?
Si je me sens sûr de moi à 100 %, je n'ai pas besoin de sécurisation. Le sentiment de sécurité est quelque

chose de très subjectif, tandis que la sécurisation est un correctif qui vient de l'extérieur. De nos jours, tout est sécurisé dans les grandes expéditions, pour minimiser le risque vital. On réduit autant que possible l'exposition au danger. Mais pour moi, l'alpinisme traditionnel consiste à s'aventurer « sans filet » là où l'homme n'a pas sa place.

Mais c'est jouer avec sa vie ! C'est pour cette raison que vous choisissez de vous passer d'oxygène ou d'autres moyens auxiliaires ?

Pour moi, le renoncement fait partie de l'alpinisme. Il y a cinquante ans, nous avons décidé de renoncer aux pitons à expansion et aux appareils à oxygène. Cette phase de l'alpinisme, qui certes ne s'est pas imposée, je l'appelle l'« alpinisme du renoncement ». Actuellement, en revanche, on assiste au développement d'un « alpinisme de consommation ». À force de mettre en œuvre tous les moyens techniques imaginables pour atteindre un sommet, les gens finiront par se faire débarquer en hélicoptère sur le sommet du Nanga Parbat ! Pourra-t-on encore parler d'alpinisme ? Dans notre activité dépourvue de règles précises, les comportements évoluent. De nos jours, c'est l'« alpinisme de piste » qui prédomine.

Quel est le plus grand danger que vous ayez eu à affronter, au cours de vos aventures ?
C'est la tragédie qui a coûté la vie à mon frère Günther, au cours de la descente du Nanga Parbat. La situation a dégénéré, pour diverses raisons que je ne vais pas détailler ici. Nous avons passé plusieurs jours face à la mort. Nous étions certains tous les deux de ne pas nous en sortir vivants.

Vous étiez terrifié à l'idée de mourir, cette fois-là ?
Non, parce que tant qu'il y a de l'espoir, le corps continue de fonctionner. L'esprit lutte de toutes ses forces pour la survie. Même la peur diminue. Et si le moment du trépas arrive, on se laisse alors glisser vers la mort. Finalement, quand il n'y a pas de salut possible, on accepte son sort.

Que vous ont apporté vos aventures ?
J'avais mes propres motivations, comme d'autres ont les leurs. Elles sont toutes valables. Les motivations de chaque alpiniste lui sont personnelles. En tout cas, je n'ai pas besoin d'alibi pour mes ascensions ! Quand j'entends dire : « Moi, je gravis le Kilimandjaro pour soutenir la recherche sur les maladies cardiaques », je réponds : « Non, devenez plutôt médecin, pour soigner les malades ! »

Mais votre motivation à vous, quelle était-elle?
Dès l'enfance, j'ai ressenti une véritable passion pour la nature sauvage. Et en grandissant, j'ai voulu aller plus loin. Sur le plan émotionnel, j'ai vécu pour rendre possible ce que les générations qui m'ont précédé considéraient comme irréalisable.

Vous avez soixante-quinze ans, aujourd'hui. Vous continuez à faire des ascensions?
Oui, mais moins ardues qu'autrefois et je ne monte plus aussi haut. Dans quelque temps, je compte aller en Patagonie, puis au Népal. Je vais monter jusqu'au camp de base du Manaslu et peut-être que j'arriverai encore à faire un six mille.

Même à votre âge, vous rêvez encore de grandes aventures?
Non, aujourd'hui, je rêve d'autre chose. Par exemple, je rêve de faire de belles prises de vue en Patagonie, au Népal ou dans les Dolomites, pour raconter des histoires dans des films que je réaliserai moi-même.

Aujourd'hui vous êtes cinéaste. Mais autrefois, est-ce que vous vous définissiez comme un «aventurier»?
Dans ma tête, je me voyais déjà comme un aventurier à l'âge de seize ans… Mais plus tard, j'ai rejeté ce terme

galvaudé, car les organisateurs de voyages en groupe s'en étaient emparés. De nos jours, on vend de prétendues « aventures » dans les agences de voyages ! Mais l'aventure, la vraie, ça ne s'achète pas, et ça ne s'organise pas !

J'ai gravi récemment une paroi presque entièrement aménagée en via ferrata. Pour moi, ça a été une aventure formidable.

C'est un sentiment tout à fait normal et légitime, pour quelqu'un qui n'a pas beaucoup d'expérience. Certains trouvent l'aventure sur une voie d'escalade toute simple, d'autres sur le mont Everest ou d'autres encore en s'attaquant à une paroi particulièrement difficile. C'est à chacun de définir ce qui est pour lui une aventure. Mais les forfaits « tout compris » des agences de voyages ne méritent pas ce mot-là.

Si vous étiez un jeune alpiniste, aujourd'hui, qu'est-ce qui vous attirerait ?

Je connais deux ou trois parois qui sont à la limite de ce qui est actuellement réalisable. La face nord-est du Masherbrum, par exemple : elle est haute, abrupte, dangereuse… Par deux fois, on a tenté de la vaincre, mais sans succès. Pour les meilleurs, le mot « impossible » signifie qu'il y a de nombreuses questions à résoudre et qu'il faut être prêt à s'exposer à de grands dangers.

L'aventure vaut-elle qu'on prenne de tels risques?
C'est une vaste question… L'alpinisme a toujours été une activité perçue comme irresponsable, mais personne ne peut nous l'interdire. En fin de compte, c'est à chacun de décider de ce qu'il veut faire de sa vie. Je ne suis pas seul au monde. J'ai, ou j'ai eu, des parents, une femme et des enfants. Mais je suis parti quand même.

Pourquoi?
Parce que c'était ma vie. J'ai eu une existence très différente de celle de la plupart des gens. On m'a souvent désapprouvé pour cela et fait des reproches. D'ailleurs certaines critiques étaient justifiées. À la question: « Tu te rends compte de ce que tu as fait subir à ta famille ? », je réponds : « Bien sûr que oui ! » Mais tout de même, c'était mon droit de mener ma vie comme je l'entendais.

Quel est votre message le plus important?
Je n'ai pas de message : je ne suis pas un gourou. Je raconte des histoires sur ce que représentent pour nous les montagnes et sur le développement de l'alpinisme,

mais pas d'un point de vue purement historique. Ce qui m'intéresse, c'est l'émotion, la « quatrième dimension », tout ce que les hommes ont donné à la montagne sur le plan émotionnel depuis deux siècles et demi. Chacun est libre d'aborder la montagne à sa façon et de se demander : « Je monte jusqu'où ? Je monte comment ? » Ce qu'on raconte sur les montagnes est aussi important pour moi que les montagnes elles-mêmes : cette narration me tient beaucoup à cœur aujourd'hui.

Qu'est-ce qui peut bien attirer un enfant sur un trois mille mètres ?

Juste après la Seconde Guerre mondiale, dans la vallée étroite des Dolomites où j'ai grandi, il n'y avait ni piscine, ni stade de football… Nous, les gamins, nous nous amusions à grimper dans la chaîne des Odle et à escalader des rochers gros comme des maisons. J'avais cinq ans quand mes parents m'ont emmené sur le Sass Rigais, un sommet prisé des grimpeurs. J'ai ainsi découvert la possibilité de voir plus loin que ma vallée. J'étais un enfant curieux. Je voulais savoir ce qu'il y avait derrière les montagnes. En bas, dans la vallée, on n'aperçoit qu'un tout petit morceau du ciel. Le panorama est restreint et tout est étriqué – même les mentalités, un peu moyenâgeuses… L'alpinisme m'a permis de m'élever au-dessus de cette étroitesse et d'aller voir plus loin.

C'est ainsi que vous êtes devenu alpiniste?

Oui. J'ai commencé à grimper sérieusement à quinze ans et, comme tous les jeunes, j'ai cherché à rendre possible ce que nos aînés considéraient comme impossible. Ma spécialité, c'était l'escalade sur rocher et j'avais acquis la conviction qu'à force de pratiquer une activité avec détermination et enthousiasme, on pouvait approcher de la perfection. Pas la perfection absolue, que personne n'atteint jamais, mais disons que je visais une certaine réussite. À vingt-cinq ans, après avoir perdu plusieurs orteils suite à des gelures, je n'étais plus capable d'escalader comme avant, je me suis donc tourné vers l'alpinisme. J'ai fait l'ascension des quatorze huit mille, des *seven summits* (le sommet le plus haut de chaque continent) et de nombreuses autres montagnes, avant de passer à des aventures plus horizontales: la traversée de déserts, de l'Arctique et de l'Antarctique. Puis je me suis consacré à des activités de recherche et à la politique. J'ai passé ensuite quinze ans à mettre en place ma propre chaîne de musées. Le tout avec la même énergie et le même enthousiasme que pour gravir l'Everest ou pour traverser l'Antarctique. Et maintenant, au cours de ma septième vie, je fais des films. Si je reste en bonne santé et si j'atteins l'âge de quatre-vingt-dix ans, il y aura encore une huitième vie mais pour le moment, je n'ai rien de prévu. Je suis pleinement satisfait des sept premières !

Quelle importance a la solitude dans votre vie ?
Il y a solitude et solitude. Être seul ne me pose aucun problème. Au contraire. Mais quand je pars en solitaire dans le monde sauvage, il me faut lutter contre la peur de l'isolement, qui nous est commune à tous car nous sommes des animaux sociaux. Ce n'est pas facile. Lors de mes premières grandes courses en solo, j'étais incapable d'escalader une paroi et d'y passer la nuit pour gravir le sommet le lendemain. La solitude est particulièrement difficile à supporter dans l'obscurité, lorsqu'on se trouve dans une situation à risque. J'ai tenté par trois fois l'ascension d'un huit mille en solo et les deux premières fois, j'ai échoué, uniquement à cause de cette solitude que je m'étais imposée. Puis j'ai appris – et certaines tragédies personnelles m'y ont aidé – à me sentir en harmonie avec moi-même, y compris lorsqu'il s'agit de faire face aux pires difficultés et aux plus effroyables dangers.

Cette harmonie a-t-elle quelque chose à voir avec la découverte de soi ? Est-ce l'idée de se « ressourcer » ?
Je sais que la « découverte de soi » a été longtemps un concept à la mode. Je l'ai utilisé moi aussi. Mais

qu'est-ce que cela signifie, se découvrir soi-même? D'après moi, lorsque nous autres humains, nous pénétrons dans le monde sauvage librement, sans règles et en dehors de toute prescription religieuse, nous en apprenons davantage sur nous-mêmes et nous développons mieux nos capacités qu'en restant dans le monde civilisé, bruyant et trépidant, où on parle tant de « se ressourcer », que ce soit en société ou en consultation dans le cabinet d'un psychologue. Nous avons une aptitude rare: en cheminant sans hâte et sans parler dans la nature vierge, nous apprenons à mieux nous connaître. Parce que c'est ainsi, dans la lenteur et le silence, que nous prenons pleinement conscience de notre être.
En revanche, ce type d'introspection est absolument impossible dans la vie moderne, avec son rythme effréné et son vacarme: nous nous y sentons perdus, absents à nous-mêmes. Nous remplissons l'agenda de nos smartphones, tandis que des flots d'informations se déversent sur leurs écrans. À longueur de journée, nous avons tous le nez collé sur ces machins-là. Qui peut dire qu'il est présent, ici et maintenant? Pour ma part, j'ai renoncé très vite à la frénésie digitale pour m'enfoncer dans la nature.
La solitude peut être une consolation. En fait, la haute montagne est moins prise d'assaut aujourd'hui qu'il y

a cinquante ans. La plupart des gens se bousculent sur les mêmes sommets, qui sont au nombre d'une centaine dans le monde. Les êtres humains sont grégaires, de vrais moutons de Panurge. Cela vaut aussi pour les huit mille. De nos jours, on aménage certaines montagnes pour permettre les ascensions de masse : on les équipe du bas au sommet. Mais tandis que les touristes recherchent les infrastructures, nous, les alpinistes, nous allons justement là où il n'y en a pas. Je n'ai rien contre le tourisme. Mais si les touristes anéantissent tout ce qui fait la valeur de la montagne – le silence, la solitude, la grandeur –, ils se jouent un mauvais tour à eux-mêmes et ils spolient tous les amateurs de nature primitive et de montagnes sauvages. Cette discussion n'est pas close.

Que peut bien signifier le mot « patrie », dans une vie passée à voyager ?

La patrie pour moi, ce n'est pas le lieu où je suis né. Et encore moins le petit monde familier de mes origines. La patrie, c'est un espace où je me sens responsable. La contrée qui se rapprocherait le plus pour moi de l'idée de patrie, c'est le Haut-Adige : l'ensemble formé par ses montagnes, ses vallées, sa culture, ses habitants, les tombes de mes grands-parents et de mes parents – ainsi que les récits qui l'accompagnent. Car la patrie ce sont des récits, des mythes, des légendes, des histoires… Mais c'est aussi l'endroit d'où je contemple le monde. Je me sens à la fois citoyen du Haut-Adige, de l'Europe et du monde entier. Pour bon nombre de nos problèmes, la solution est forcément globale, qu'il s'agisse du changement climatique, de la question écologique ou de la pollution des mers.

Et la peur de vivre?
Elle m'est inconnue: il faut savoir accepter humblement qu'on est mortel, dès la naissance, si on veut vivre intensément sa vie.

L'humilité, qu'est-ce que c'est pour vous?
Rien de grand ne m'a autant forcé à l'humilité que la montagne. Dans ma jeunesse, mes amis grimpeurs et moi, nous nous prenions tous pour des héros et nous nous croyions invulnérables, voire immortels. Mais lorsque nous avons commencé à réaliser nos premières ascensions, nous avons vraiment pris conscience de notre mortalité et nous avons compris à quel point il était difficile, en montagne, de rester en vie. Quand on est loin de tout moyen de secours, on ne peut compter que sur sa propre prudence, ses propres capacités et sa force d'âme. La conscience d'avoir en dessous de soi

cinq mille mètres d'un monde sauvage et vertical est un puissant catalyseur de la connaissance de soi.

La volonté a toujours été plus forte que la peur, chez vous ?
C'est une histoire complexe. Notre comportement est décidément bien étrange. De notre plein gré, nous allons dans des endroits où nous savons très bien que la mort rôde. Et pourtant, nous y allons justement pour vivre pleinement ! Ce ne sont pas seulement nos amis et notre famille qui nous disent de ne pas faire une chose pareille : même notre instinct de survie nous le crie... Mais nous le déjouons. Avec notre enthousiasme, notre orgueil. S'ajoutent à cela la volonté et une bonne préparation. Ensuite, même si tout se passe bien, l'arrivée à la cime n'est pas un grand moment d'euphorie, car l'instinct de survie nous pousse à repartir au plus vite pour nous mettre en lieu sûr. Le grand moment, en fait, c'est le retour. Nous le vivons comme une renaissance. Nous éprouvons un sentiment de puissance et nous ressentons fortement l'unité entre la nature humaine et la nature montagnarde, car notre instinct de survie s'est assouvi avec la plus grande intensité. Les cadeaux que nous fait la montagne, par ce moyen détourné, sont la connaissance de nous-mêmes, la force d'âme et le sens de la vie.

L'auteur

Né en 1944, Reinhold Messner est l'alpiniste et l'aventurier le plus célèbre de notre époque. Que ce soit en sa qualité de grimpeur, d'« explorateur des limites » ou de « philosophe en action », il n'a cessé d'établir de nouvelles normes : il a été le premier à gravir les quatorze sommets de plus de huit mille mètres et il a traversé l'Antarctique à pied, en compagnie d'Arved Fuchs. Il milite aujourd'hui pour une relation écologiquement durable avec la nature, il participe à l'exploitation de fermes de montagne et il s'occupe des six « musées Messner de la montagne » qu'il a créés. Il se consacre également à l'écriture, à la réalisation et à la production de films sur la montagne. Ses préoccupations actuelles sont le conflit entre la nature montagnarde et la nature humaine, ainsi que l'aide au développement autonome des zones de montagne du monde.